Thomas Stütz
Der Domino-Effekt

W0171177

Dieses Buch widme
ich meinem Sohn

Morten William

der stellvertretend für die nächste Generation steht,
der wir für ihre Zukunft verpflichtet sind.

Thomas Stütz

Der Domino-Effekt

Die EU-Lüge
und weltweite Täuschungen

2. Auflage 2012

R. G. Fischer Verlag

Bibliografische Information der Deutschen Nationalbibliothek
Die Deutsche Nationalbibliothek verzeichnet diese Publikation in
der Deutschen Nationalbibliografie; detaillierte bibliografische
Daten sind im Internet über http://dnb.d-nb.de abrufbar.

2. Auflage 2012
© 2012 beim Autor
Orber Str. 30, D-60386 Frankfurt/Main
Alle Rechte vorbehalten
Titelbild: Europa bei Nacht (Quelle: Unser_blauer_Planet Slide 26)
Schriftart: Times New Roman 12°
Herstellung: AU / AA
Printed in Germany
ISBN 978-3-8301-1512-0

1. VORWORT

In einer sich ständig verändernden Welt sowie einer sich in der Zukunft weiterentwickelnden, wirtschaftlichen wie kommunikativen Gesellschaft ist der Faktor der leichten Zuordnung aller Geschehnisse und somit letztlich der „Wahrheit" nicht mehr möglich und nicht mehr erkennbar.

Gerade hierbei muss für jeden Menschen und Bürger eines jeden Landes selbst abgeleitet werden, dass hieraus eine persönliche Identifikation und schlussendlich die jeweilige persönliche oder freiwillige Zuordnung jedes Einzelnen zu einem System oder zu Themen sehr schwierig sein oder vielfach verborgen bleiben wird.

Aus diesem Grunde ist dieses Werk geschaffen worden. Es zeigt bereits in der Form der Aufbereitung die Breite der global zu beachtenden Rahmendaten in einer direkten und deutlichen Form, die es so bisher noch nicht gab.

Oft sind heute die vordergründig öffentlich über die Medien dargestellten, positiven sowie negativen Informationen in der Presse oder welche über den Bildschirm vermittelt werden, vielfach politisch wie auch wirtschaftlich gesteuerte Nachrichten. Diese sind kontraproduktiv für eine gesunde nationale und internationale Entwicklung. Sie dienen einzig dazu, den breiten öffentlichen Rahmen und die Menschen hierin zu steuern, damit die steuernden Organisationen nach ihren jeweiligen erforderlichen Interessenslagen die Öffentlichkeit manipulativ lenken und kontrollieren können.

Zudem muss weltweit davon ausgegangen werden, dass massive Gruppen- und Einzelmotive sowie strukturelle Interessenslagen, national wie international, hierbei im Speziellen die Art und Weise der öffentlichen medialen Darstellungen, sehr bewusst und wohl wissend um die Wirkung, zielgerichtet gesteuert sind.

Deshalb ist es für die Zukunft unerlässlich, gerade für die Menschen in der Breite den gesamten Kontext der globalen Zusammenhänge und Interessenslagen zu erfassen, um aus den sich hieraus dann eröffnenden und sichtbar werdenden Zusammenhängen die Motive dieser treibenden Kräfte und Gruppierungen erkennen zu können.

Sehr geschickt wird heute weltweit in manipulativen Ausrichtungen agiert, um die zugrundeliegende Sichtbarwerdung der realen und wirklichen Motive, mit denen diese treibenden und agierenden Gruppen vorgehen, nicht zu zeigen. Die hierbei zur Verfügung stehenden enormen finanziellen Mittel innerhalb dieser Gruppierungen erlauben es ihnen, sich sämtlicher benötigter Instrumente in einer nicht vorstellbaren Leichtigkeit und Breite zu bedienen, die dann auch entsprechend eingesetzt und umgesetzt werden.

Jede Art von Kommunikation, gleich wo in den verschiedensten Ländern weltweit, hat zunächst ihre jeweilige Basis auf den Grundlagen ihrer unterschiedlichen Historien. Darauf basieren ihre Entwicklungen und Strukturen, die diversen Interessenslagen und das Machtstreben Einzelner oder gesamter Gruppierungen.

Der Aufbau des Werkes wird Ihnen nun einen komplexen Überblick über die echten wirtschaftlichen Zusammenhänge in einer globalen Betrachtung geben. Somit erhalten Sie einen Ausblick auf die zukünftigen und möglichen Veränderungen, die Einfluss auf das tägliche Leben und die stattfindende Entwicklung der Menschen in allen Ländern der Erde haben werden.

Weiterhin werden aus dem weltweiten Erfahrungsschatz und den vorhandenen Hintergrundinformationen des Autors Erkenntnisse einfließen, die im Ergebnis unter Umständen bei Ihnen als Leser sicherlich auf manche, auch ängstliche, Reaktionen stoßen könnten. Sie werden dann Sorgen auslösen und Ihre bisherigen wohl kontrollierten und selbst eingeschätzten Strukturen in Frage stellen.

Fragen und Erkenntnisse werden sich aufwerfen in die Richtungen, dass das Bisherige, was Ihnen täglich über die Medien und öffentlich vermittelt wird, kritischer betrachtet wird oder in Frage zu stellen ist. Gerade deswegen ist es unerlässlich, einen informativen und öffnenden Weg zu beschreiten.

Bereits aus den nachfolgenden Ausführungen ergeben sich für Sie sehr viele neue Erkenntnisse über die Informationen und es erklären sich für Sie sehr viele Fragen, die Sie bisher nicht beantwortet bekommen haben.

Seien Sie versichert, Sie werden manches lesen, was zunächst so gar nicht in Ihr persönliches, behütetes Bild unserer westlich geprägten und perfekt vor uns liegenden Gesellschaftskultur passt, auch nicht zu den täglich zu sehenden medialen Bildern und Visionen passen mag oder Ihren Vorstellungen entspricht.

Auch werden Sie hierdurch Ihre Denkgrundlagen und Ansichten und Ihre bisherige nach außen vertretene Meinung revidieren oder teilweise in Frage stellen müssen. Gerade hierdurch allerdings werden jedoch erst dann öffentlich die Grundlagen geschaffen, um den meistens zu sehr eingeschränkten persönlichen Blick mit globaler Informationserweiterung zum Nachdenken anzuregen.

Ziel dieses Buches ist es, Ihnen die Möglichkeit zu geben, sich aufgrund von mannigfaltigen und komprimierten Informationen und der damit verbundenen Sichtbarmachung von globalen wirtschafts- und politischen Zusammenhängen ein eigenes Bild machen zu können oder eben eventuell auch Ihr bisheriges, bereits angedachtes Bild zu fundamentieren und zu festigen.

Die bisherigen Ihnen bekannten und täglich öffentlich aufgezeigten Formen der medialen Darstellungen sind einzig der zielorientierten Ergebnisgenerierung und der Steuerung ganzer Bevölkerungsbreiten angepasst.

Jegliche Art von öffentlichen Darstellungen in den Bereichen der globalen Geschehnisse wird in diesem Buch im Kontext der Zusammenhänge und des Zusammenspieles vieler Beteiligter aufgezeigt und wird letztlich dazu beitragen, dass Sie sich viele Fragen stellen müssen. Zudem dienen diese Inhalte der globalen Informationen nicht nur zur Öffnung der Zusammenhänge, sondern der Sichtbarmachung der Motive weltweit, im Kleinen wie im Großen.

Haben Sie sich zum Beispiel nicht insgeheim bereits schon längst darauf versteift, dass Geld die Welt regiert und steuert? Wenn Sie das haben, dann haben Sie damit mehr als nur Recht. Geld, Gier und Macht sind uneingeschränkt die Basismotive für jeden Aktionismus - und dies weltweit.

Allerdings, und in der Hoffnung, es wird Sie nicht erschrecken, ist festzustellen, dass dies in einem sehr viel größeren Umfang der Fall ist, als Sie sich dies bisher vorstellen wollten und konnten. Die weltweiten Hauptmotive in Reinkultur sind Geld und Macht. Beginnend schon in den kleinsten Einheiten, in den Familien, in den Schulen, um uns herum bis hin zu den Konzernen, der Politik, den Kirchen und vieles weitere mehr.

Selbstverständlich stellt sich hierbei auch die Frage nach den sozialen und sozialethischen Grundlagen, dem Humanismus, und was wir selbst für uns und unsere Lebensqualität, nicht zuletzt aus der eigenen Gewohnheit heraus, einfordern oder definieren. In Europa und speziell in Deutschland wird mit Vehemenz von politischer Seite aus zelebriert, dass die soziale Komponente in Deutschland über die Maßen führend ist.

Die realen Faktoren im täglichen Leben in den Haushalten zeigen allerdings ein gänzlich anderes Bild auf. Hier wird sichtbar, dass in Deutschland heute bereits schon ein Beruf bzw. eine Tätigkeitsstelle nicht zur Deckung der Lebenshaltungskosten ausreichend sind. Bereits heute herrscht in Deutschland eine viel größere, versteckte Armut als zunächst vermutet und zugegeben wird.

Ist all das Sichtbare, was öffentlich in Deutschland rosig und positiv bewertet und gezeigt wird, eventuell nur für die Öffentlichkeit ein bewusst gesteuertes und angestrebtes Beruhigungsinstrument? Oder dient dies alles dem gezielten Ausbau der Vormacht- und Führungsrolle von einzelnen Macht- oder Politik-Gruppierungen in diesem Land?

Gehen Sie davon aus, dass Ihre Phantasie für das Reale nicht ausreichen wird. Lassen Sie deshalb Ihrer Phantasie gerade deswegen freien Raum, Sie werden nicht falsch liegen.

Ein weiteres, nicht zu unterschätzendes Thema sind die heute in der Welt kaum beachteten oder öffentlich publizierten und benannten Schwellen- oder Dritte-Welt-Länder.

Sie werden überrascht sein, wie sich gerade in den so genannten „anderen", heute noch als Schwellen- oder Armutsländern bezeichneten Ländern zusehends rasch eine Entwicklung auftut, die es innerhalb von nur einer Generation schaffen wird, das gesamte bisherige Wirtschafts- und Präsenzgefüge weltweit und die damit verbundenen bisherigen Vormachtstellungen und Länderpositionen ad absurdum zu führen oder gar umzukehren.

Was würde passieren, wenn sich, wie bereits sichtbar, weltweit die wirtschaftlichen Grundlagen, die Mechanismen und die Rollenverteilungen aufgrund von Rohstoffen, Preisdiktat oder gar durch Erpressung verschieben? Sind Europa oder die USA dann weiterhin in der Position, eine gewichtige Rolle im internationalen Markt zu spielen?

Bereits seit Jahren schon ist sichtbar, dass China versucht, durch massive, weltweite, strategische und finanzielle Unterstützungen in Ländern wie z. B. in Afrika und in Südamerika, in den so genannten „anderen" oder ärmeren Kulturen und den heute noch vielfach belächelten Regionen und Ländern der Erde eine Präsenz und Abhängigkeit aufzubauen, um damit eine über China gesteuerte internationale Führungsrolle zu erhalten.

Gesteuert wird dies über den Bedarf (Preisdiktat, Preisdumping und Verknappung) der im Welthandel benötigten Rohstoffe unter Einsatz der immensen Liquidität von China. Dass man hierbei zudem Länder wie Südamerika und Afrika, in denen man bisher aktiv wurde, bewusst ausbluten lässt, ist wohl aus Sicht der Ausbeuterländer wie China als „Kollateralschaden" zu bezeichnen.

Bitte vergessen Sie niemals: Die heute noch vermeintlich Armen sind eventuell aufgrund ihrer immensen, in der Öffentlichkeit vielfach unbekannten Rohstoffvorkommen und ihrer strategischen geografischen Lage morgen bereits die Reichen, wenn auch von außen benutzt und fremdgesteuert.

Stellt sich dann natürlich berechtigt die Frage, ob Europa, wie es heute vorhanden ist, sich im internationalen Markt behaupten kann und welche Rolle Europa künftig einnehmen wird. Oder gar die Option, dass es Europa als Einheit, so wie wir es heute kennen, gar nicht mehr gibt oder geben kann.

An dieser Stelle sei anzumerken, dass die in diesem Werk inhaltlich gemachten Ausführungen als reine Informationen anzusehen sind. Es ist und war nicht Ziel, Wertungen nach „gut oder schlecht", nach „Schwarz oder Weiß" abzugeben. Allerdings können weltweit sehr kritische Umstände auch nicht schöngeredet werden.

Vielmehr ist gewollt, dass Sie für sich selbst Ihre persönlichen Schlüsse und Erkenntnisse ziehen können, um auf Ihrem künftigen persönlichen Weg als Individuum innerhalb der gesellschaftlichen Strukturen oder gar als Gruppierung mit komplexem Wissen ausgestattet werden und somit interkulturell und mit offenem Blick den Weg in die Zukunft beschreiten können.

Hieraus abgeleitet entsteht für jeden einzelnen eine persönliche Chance auf Entwicklung, mit der Erkenntnis und dem Wissen um die Zusammenhänge, die nachhaltig den Erfolg beeinflussen werden.

Zu Beginn des Buches ist allerdings auch unabdingbar festzuhalten, dass jegliches Streben, national wie international, von Einzelnen oder von Gruppierungen, und dem damit verbundenen Streben nach Erfolg grundsätzlich von keiner Instanz kontrolliert oder gestoppt werden kann.

Gleichwohl können auch nicht im Vorfeld der öffentlichen Sichtbarwerdungen oder Auswirkungen die von den jeweiligen Strukturen gezielt geplanten und eingeschlagenen künftigen Wege in ihrer Vielfältigkeit und in ihren Ausprägungen vorhergesagt werden.

Der bedauerlicherweise auf politischer und gesellschaftlicher Ebene vielfach unterlegene Irrglaube, alles über Reglementierungen kontrollieren und steuern zu können, ist wider die Natur humanistischer Entwicklungen. Auch das politisch oft geglaubte Moment, die Kriminalisierungsrate und die kriminellen Elemente oder dergleichen Gruppierungen kontrollieren zu können, ist zudem ein Irrglaube.

Durch dieses jedoch in der Realität bereits normale angewandte Vorhaben seitens des Staates, stehen dann folglich persönliche, freie und demokratische Entwicklungen der Bürger kontraproduktiv zu staatlichem Controlling.

Nach wie vor ist es unablässig, dafür einzustehen, dass eine gesamtheitliche Entwicklung stattfindet. Nur die Lösung in der Gemeinschaftlichkeit kann erfolgreich sein, gerade trotz verschiedenster Interessenslagen. Nur setzt dies wiederum das Bewusstsein und die uneingeschränkte Bereitschaft voraus, für einen Humanismus einzutreten und nicht wegzuschauen oder gar zu denken, ein Anderer solle es tun. Mich/uns geht das nichts an.

Dies bedeutet dann auch im großen Stil, dass die internationalen und interkulturellen Interessen, sofern sie der positiven Entwicklung aller dienen sollen, als Grundlage zur Findung eines echten Konsens definiert und sehr ernst genommen werden müssen. In der Folge können damit die Ziele für alle gleichermaßen langfristig und akzeptabel erreicht werden.

Gerade hierbei ist ein Umdenken in den Köpfen, im Umgang und im Benehmen von so genannten führenden Personen und Strukturen in allen Ländern dieser Welt eine unabdingbare Notwendigkeit.

Benehmen vor allen Dingen deshalb, dass nicht zuerst das eigene Ego und die hierbei vorhandenen, oft viel zu sehr ausgeprägten Profilneurosen der so genannten politischen Führungspersönlichkeiten als Grundlage jeglichen Handelns stehen sollten und dürfen.

Man hat sich einzig darauf zu besinnen, die Verantwortung als Mensch zu übernehmen und sich in sämtlichen Funktionsstellen darauf zu konzentrieren, diese Aufgabe mit Erfolg umzusetzen. Beginnend in der kleinsten Einheit der Familien, wie aber auch in den Konzernen, der Politik und den Kirchen.

Es sind die Menschen, die über das Wohl und den Weg und somit über die Basis für die künftigen Generationen maßgeblich entscheiden werden und hierüber dann am Ergebnis dessen, was sich täglich national und international zuträgt, gemessen werden müssen.

Gehen wir also allesamt mit dem, was wir heute in unseren Kulturen als Grundlagen bereits erreicht haben, sorgsam um und machen uns nicht mehr so viele Gedanken über uns selbst, sondern stellen uns vielmehr die Frage, ob und wie wir mit einer Gesellschaft, von der wir im Umkehrschluss wieder profitieren werden, selbst umgehen und wie wir dieser aktiv zur Verfügung stehen werden.

Hierzu erlauben Sie, den Begriff des „gesellschaftlichen Mehrwertes" zu definieren. Ist etwas, was ich tue/wir tun, tatsächlich und faktisch ein realer Mehrwert für die Gesellschaft oder denke ich/denken wir nur an meine/unsere eigenen Interessen?

Sie denken unter Umständen nun für sich selbst, was ist dies für ein frommer Wunsch? Sie hätten Recht, wenn wir alle nicht die Fähigkeit hätten, uns verändern zu können. Im Einzelnen jedoch sind wir Menschen leider vielfach der so oft vorherrschenden eigenen Selbsttäuschung, die Dinge zu verharmlosen, unterlegen. Man möchte sich aus einer Bequemlichkeit heraus nicht mit der Realität konfrontieren, um sich dadurch der realen Verantwortung weiterhin entziehen zu können.

Die Zeit ist überreif, Veränderungen und die Öffnungen in den Köpfen der breiten Masse der Menschen weltweit einzufordern.

Veränderungen brauchen Mut. Mut aber als Allererstes, wieder an sich und sein Tun zu glauben. Zudem an seinem eigenen Selbstbewusstsein zu wachsen. Mut aber auch, nicht nur eine heile Welt sehen zu wollen. Auch für Menschen, eine Sache und die eigene Identität einzustehen.

Im Übrigen, ohne Ihnen Ihre Illusionen rauben zu wollen, seien Sie froh, dass auf der Welt nicht alles sichtbar ist und sein wird. Man müsste ansonsten in der Konsequenz auch damit umgehen können. Seien Sie versichert, die Menschen werden es nicht können, noch nicht!

Also ist es weltweit gerade heute notwendig, informativ und mit einer gelebten Neutralität Informationen und Wissen offen zugänglich zu machen und damit umzugehen. Gerade nur hierdurch kann ein fundierter Informationsfluss, ein Kontrolleffekt in der Breite und eben durch die Breite der Menschen, stattfinden.

Um all die vorgesetzten Informationen zu filtern, müssen Menschen sich zeitkritisch, aber nicht vorschnell, ablehnend oder beurteilend der Dinge annehmen, um in einer gesunden Entwicklung weltweit, wie aber auch im jeweiligen eigenen Land, die dann notwendigen Aufgaben anzunehmen und sich diesen zu stellen. Nur hieraus werden dann Lösungen erfolgreicher und gemeinschaftlicher Ergebnisse erreicht.

Eine internationale und interkulturelle geistige Entwicklung ist nicht nur die Aufgabe der Regierungen, der Politik oder der so genannten geistigen Führer in den jeweiligen Ländern dieser Erde, sondern vielmehr ist es die Pflicht eines jeden Einzelnen, sich weiterzuentwickeln.

Denn Ignoranz wird jeglichen negativen Elementen und antihumanistischen Personen und Gruppierungen Vorschub leisten und freie Hand lassen.

Dies bedeutet im Umkehrschluss, dass sich jeder, unabhängig von seiner Schulbildung oder seinem Stand, aktiv mit jeglichen Umfelddaten, z. B. den verschiedenen Kulturen, den Historien, den Religionen usw. weltweit befassen sollte und hierfür offen sein muss.

Gerade in den Themenbereichen der Religionen sollten wir aufhören, darum herum zu reden und so zu tun, als ob jeder seinen eigenen Gott gepachtet hätte. Es gibt nur einen Gott. Seien wir dankbar, dass wir ihn haben.

Nun wird sich für Sie nach dem Lesen der nachfolgenden Inhalte ein unglaubliches, bisher nicht erahntes Moment der geistigen Erkenntnisse auftun, was schlussendlich für Sie persönlich dazu führen wird, in Ihrem persönlichen Werdegang, ob im interkulturellen Austausch, in der Diplomatie, der aktiven wirtschaftlichen Zusammenarbeit oder im gegenseitigen Verstehen, neue Synergien zu entdecken oder hieraus ableiten zu können.

Gleichzeitig ist ein täglicher Abgleich und ein Hinterfragen der in den Medien dargestellten Bilder und Informationen vorzunehmen.

Nun wünsche ich Ihnen viele neue Erkenntnisse und alles erdenklich Gute und Erfolg auf Ihren zukünftigen Wegen.

Der Autor

2. GRUNDLAGEN UND POSITIONEN

2.1. Auswahl nach einzelnen Ländern

2.1.1 Deutschland

Ein mitteleuropäisches Land, welches trotz seiner weltweit verurteilten Historie, die im Übrigen immer wieder je nach politischer oder internationaler Interessenslage aus den Schubladen geholt und gegen das Ansehen Deutschlands verwendet wird, international sehr erfolgreich ist.

Seit jeher ist gerade Deutschland in der gesamten Welt als innovatives und qualitativ hochwertiges Produktionsland bekannt und geschätzt.

Dies auf Basis einer Gesellschaft, die gerade wegen der Folgen aus der Historie seinerzeit nichts mehr hatte und am Boden lag. Kein Stein war auf dem anderen. Hieraus jedoch bewiesen Deutschland und die Menschen in diesem Land, dass sie in der Lage sind, sich innerhalb kürzester Zeit mit viel Fleiß und Know-how an die Weltspitze zu kämpfen und durchzusetzen.

Hier und heute gehört Deutschland zu den weltweit führenden drei Export-Nationen.

21

Zudem hat Deutschland in der Welt ein Standing von Seriosität und Humanismus, aber auch eine immense Finanzkraft. Diese werden allesamt den Grundlagen der künftigen internationalen Positionierung und dem Wachstum von Deutschland Rechnung tragen.

Gleich ob in den Bereichen der internationalen Mediation, der globalen, strategischen oder der wirtschaftlichen Ausrichtungen, Deutschland ist heute nun auf Grundlage einer breiten Akzeptanz und Positionierung in einer weltweiten Führungsrolle.

Die an Deutschland in 2011 herangetragene Gastmitgliedschaft im Weltsicherheitsrat war wohl der endgültige internationale Adelsschlag und die damit verbundene, trotz der von verschiedenen Akteuren historisch bedingt, nicht gewollten, Reputation für dieses Land. Seien wir allerdings ehrlich, nicht jeder um Deutschland herum fühlt sich bei diesem Gedanken wohl. Oder sind es gar nur historische Animositäten und Angst, selbst ins „Aus" zu geraten?

Auf jeden Fall wird der äußerst positive Werdegang von Deutschland nicht nur Freunde, sondern auch genug, erlauben Sie mir, es verbal abzumildern, „Nichtgönner" hervorbringen. Denn nicht jeder, der um Frau Merkel herum lächelt, ist auch unter dem Aspekt von ehrlicher Partnerschaft ernst zu nehmen.

Allen voran die Rolle von und mit Frankreich. Historisch bedingt fordert Frankreich immer noch, im Übrigen auch optisch über die Haltungen der Akteure bei jedem Staatsempfang zwischen dem französischen Präsidenten und der Bundeskanzlerin sichtbar, seine Herrschafts-Rechte ein. Frau Merkel spielt hierbei ihre Rolle, und seien Sie sicher, jedoch nicht schlecht.

Doch stellt sich die Grundsatzfrage, welche Rolle spielt hierbei Frankreich überhaupt, betrachtet man dies auf Grundlage der wirtschaftlichen Stärke. Sicherlich keine, da auch Frankreich und dessen Wirtschaft zu den nächsten Kandidaten gehören, die von den Ratingagenturen massiv herabgestuft werden. Doch hierzu an anderer Stelle.

Weiterhin gilt Deutschland als Einreise- und Einwanderungsland, welches nach wie vor eine ungebrochene Attraktivität besitzt. Jedoch selbst Deutschland ist innenpolitisch und geographisch an einem Punkt, diese Thematik sehr unter der Decke der Öffentlichkeit zu halten und seine Politik der Einwanderung massiv zurückzufahren.

Interessant ist hierzu heute festzustellen, wie in der politischen Nachkriegsgeneration der heutigen Politiker sich diese mit diesem heiklen Thema auch öffentlich und deutlich in Form ihrer Ablehnung darstellen. Man sollte meinen, dass Deutschland und seine Staatsvertreter hierbei die ersten Anzeichen von Selbstbewusstsein in der Führung eben dieses Deutschlands bekommen haben und zeigen.

Der Hintergrund allerdings ist zudem der, dass in Deutschland schon lange massiv abgeschoben wird und Einreiseanträge nicht bewilligt werden. Wer will es diesem Land übel nehmen, wenn es sich die ausländischen Bewerber genauer anschaut und dann aufgrund der Verwendbarkeit in der heimischen Wirtschaft prüft, ob man den einen oder anderen will und brauchen kann, oder auch nicht.

Gerade hierbei muss allerdings auch gesagt werden, dass die Wirtschaft in Deutschland massive Personalprobleme hat. Insofern ist ein selektives Auswahlverfahren unumgänglich. Denn wer holt sich freiwillig ein weiteres Problem ins Land? Man ist froh, die alten Probleme loszuwerden, auch wenn dies noch ein schwieriger Weg sein wird.

Viele Jahre vermittelte man nach außen in die Öffentlichkeit das Bild, sich um alles und um jeden zu kümmern. Die Menschen in Deutschland selbst, mittlerweile zu „Wohlstand" gekommen, behandelt man heute jedoch nach dem sozialistischen Prinzip von Umverteilung. „Reiche, gebt den Armen!", so die heutigen Schlagwörter und Parolen. „Und wenn ihr, die so genannten Reichen, es nicht freiwillig hergebt, dann erlassen wir ein Gesetz, welches euer Geld dann staatlich einfordert."

Stellt sich die Frage, auf welchen Grundlagen einer Staatsform dann diese staatlichen Verhaltensweisen und Prozesse basieren? Sicher nicht auf denen in einer Demokratie?

Wer was hat, wird von politischen Vertretern öffentlich und um Wahlstimmen buhlend, geoutet. Somit ist man politisch auch in der Hoffnung, für sich als Politiker und seiner Partei zudem in der Gesellschaft eine politisch breite Lobby zu bekommen. Diese Vorlagen werden dann für die nächsten Wahlen als Basis, zunächst für den Erhalt der Wählerstimmen, eingesetzt. Dies führt in der Folge dazu, weitere Gesetzesvorlagen zu schaffen, um im Anschluss sich weitere Gesetzesbeschlüsse zur Umverteilung zu sichern. Was im Übrigen in einer echten Demokratie niemals sein kann und darf.

Die vermehrte Einflussnahme des Staates auf die freien Wirtschafts-Unternehmen und Betriebe im Bereich des Personals und der Löhne ist ein Unding und zu unterlassen. Dieses Vorgehen der Politik und deren Vertreter kommen mittlerweile einem angehenden, zentralistisch geführten Staat sehr nahe.

Das permanente Buhlen der Politiker um mehr Wahlstimmen, z. B. über Themen der sozialen Gleichstellung der Menschen in Deutschland, hat sich zum Albtraum in einer Demokratie und einer wirtschaftlichen freien Entwicklung entwickelt.

Leider ist nicht nur diese offensichtliche Haltung ein Beispiel für viele schlechte Zustände. Zudem gehen dann die Regierung und die Politik auch im Umkehrschluss wieder an eben die Menschen, die sie unter Versprechen gewählt haben, massiv heran. Immer weiter werden Jahr für Jahr die grundlegenden Sozialversorgungen, ob im Bereich der Renten oder der Krankenversicherung, reduziert.

Eben genau an die Menschen und auch die Rentner, die dieses Land stützen und aufgebaut haben. Ein nicht zu verantwortendes Verhalten und Tun in einer gelebten Demokratie. Was für eine Farce! Hat man den Politikern noch nicht beigebracht, dass eine zufriedene Masse leichter zu führen ist, als eine, die man ignoriert oder gar auspresst? Erwarten die deutschen, nachkriegsverwöhnten Politiker wirklich, dass die Masse sich mit ihnen, den Politikern und ihrem Tun identifiziert?

Meine Damen und Herrn Politiker, wachen Sie endlich aus ihrem Schlaraffenlandschlaf auf und realisieren Sie die Basis und somit auch die real anzuwendende, künftige, innenpolitische Gangrichtung, die langfristig dann auch Erfolg versprechen wird.

Betrachten wir allerdings auch die komplexen Zusammenhänge im Land intern und die Wechselwirkungen extern, dann klaffen die vordergründig optisch lancierten Bewertungsfaktoren wie optischer Status und Luxus zu den real bewertbaren Kriterien der Menschen in den Haushalten intern sehr auseinander.

Der eklatant vollzogene Gesellschaftswandel in den letzten zehn Jahren und der heutigen Generation in Deutschland, die nun das Erbe der Nachkriegsgeneration verwaltet und weiterführen soll, hat bedauerlicherweise in ihrer Haltung und in ihrem Streben nach Aufbau und internationalem Erfolg sehr nachgelassen. Dies wird nicht zuletzt durch die sich in Deutschland scheinbar breit machende gesellschaftliche Trägheit, verbunden mit einer eigenen Unlust sowie in Kombination mit einem Zustand der lethargischen Politik- und Führungsverdrossenheit der jetzigen jungen Generation sichtbar.

Auf der anderen Seite natürlich, wer will es dieser Generation denn auch verdenken, bei so viel Distanz des Staates als Partner, auf den man stolz sein möchte, wenn er denn Vorbild wäre.

Leider ist allerdings gerade auch durch die falschen, regierungsseitig gesetzten Zeichen ein, unter dem Aspekt der finanziellen, wie sozial ausgewogenen und entwicklungsbedingten Grundlagen, öffentlich negierter Aspekt entstanden.

Heute gilt in diesem Land in erschreckender Weise vielfach die Ideologie, der Staat solle die Bürger grundsätzlich schützen und finanzieren. Sicher ist der Bereich des Schutzbedürfnisses ein sehr zentraler und wichtiger Aspekt für die Bürger in einem Staat. Jedoch ist hierbei nicht der Anspruch auf Faulheit und eine hieraus abzuleitende Haltung der Bereicherung am Staat zulässig. Hier stimmt die Ideologie, die Grundhaltung vieler Menschen, in diesem Land nicht mehr. Jeder darf alles beanspruchen und jeder glaubt, sich alles erlauben zu können.

Es gibt hierzu ein altes Sprichwort, welches ich hier anwenden möchte: „Schuster, bleib bei deinen Leisten!" Bedeutet zugleich, dass unabhängig der sozialen oder intellektuellen Schichten, diese Bürger und Menschen, die immer noch ein Teil dieses Staates sind, sich selbst und ihre falschen Anspruchshaltungen mit dem damit verbundenen Realitätsverlust in Frage stellen müssen.

Zudem entstand im Umkehrschluss der Eindruck, dass soziale Gerechtigkeit nicht mehr stattfindet. Auch hier ist eine tragische, nicht tragbare falsche Grundeinstellung bereits in den Köpfen der Menschen, der jungen und mittleren Generation und ihrem Wohlstand eingetreten und fest verankert.

Diese Zustände und Haltungen, leider in einem Großteil der Bevölkerung vorhanden, wurden in den letzten zehn Jahren bis heute vehement über die arrogant anmutende Distanzhaltung und falsche Führung des Staates und dessen Vertreter zunehmend forciert.

Auch erscheint es in diesem Land vordergründig der Gestalt, als ob jeder mindestens noch einen Mercedes oder BMW in der Garage hat, fahren kann und zudem ein eigenes Domizil mindestens in Form einer Eigentumswohnung oder eines Hauses besitzt. Auch ist der Anspruch auf einen jährlichen Urlaub im Ausland eine Normalität. Und wer dies nicht hat, macht die Anderen dafür verantwortlich.

Welche abstruse, irrationale Haltung liegt hier bei einem Großteil der Menschen in Deutschland vor?

Schaut man sich die Lebenshaltung der deutschen Bevölkerung einmal genauer an, so stellt man fest, dass die Haushalte all diesen Luxus, wie leider in den meisten Industriestaaten zu sehen, auf Pump gekauft haben. Die Blase verliert in Raten seit Jahren schon an Luft. Die Kreditausfallquote bei den Banken durch insolvente Privatkunden steigt seit Jahren zusehends.

Nun, jedoch auch hier, wenn man sich wiederum ehrlicher Weise diese Ausfallkunden und ihre Geschichten anschaut, dann stellt man fest, wie die Industrie es über die Werbung schaffte, dass hier, gehört man nicht dazu, eine „gesellschaftliche" Ausgrenzung stattfindet. Und wer will dies unter seinen Freunden, Kollegen, Partnern denn schon? Dieses Moment machte die Industrie, hier allen voran die Automobilindustrie und die Banken mit scheinbar zinsgünstigen Darlehen und leicht zu erhaltenden Krediten, möglich.

Sollte man nun Mitleid mit diesen Banken oder mit dem Kreditnehmer haben? Sicher beidseitig nicht. Hier stand und steht bei den Banken und der Industrie nur der Profit im Vordergrund. Der Kunde ist nur Abnehmer. Fällt er dann aus, dann haben die Banken dies schon eingepreist. Also, Pech für den, der als Kunde hierauf hereinfiel. Der Kunde zeigte, dass er für sich die Verantwortung an Dritte abgab und sich dann in die Warte begeben hat: „Die anderen sind jetzt schuld." Psychologisch zeigen die Menschen in diesem Land bedauerlicherweise durch ihre oftmals in Frage zu stellende Anspruchshaltung nur, dass sie Bürger sind, die nicht unbeeinflussbar eigene Entscheidungen treffen können. Allerdings kann der Einzelne hieraus für sich auch für die Zukunft nützliche Lehren ziehen und Erfahrungen sammeln. Bleibt zu hoffen, dass es ihn weiterbringt und er dazu gelernt hat..

Hier muss man nun weitere Themenbeispiele wie Mac Donald und die Versicherungsbranche heranziehen. Öffentlich sind diese beiden Bereiche, glaubt man den öffentlichen Aussagen in der Breite, die am negativsten belegten Themen. Vielfach gehörte Aussagen, „Nein, ich esse kein Fast Food, niemals, ich lebe gesund!" Und im anderen Fall die ganz krasse Reaktion zum Thema Versicherer in Form der Titulierung in den Haushalten bis hin zu „diese Halsabschneider".

Beide, lieber Leser. sind in Deutschland Branchen, die trotzdem immense Zuwachsraten haben und beide Male gleichsam unsinnig sind.

Schauen sich die Leute denn nicht an, was für ein fragliches Nahrungsmittel, „was auch immer es ist" sie hier in sich hineinstopfen? Hinterher sind sie dann träge und fett, und dies ist medizinisch belegt. Hieraus abgeleitet werden diese zum Teil dann neue Kunden und Klienten für die Sportstudios, die Gesundheitsbranche und die Ärzte.

Und wer bezahlt nun wieder die Kosten der Patienten? Natürlich die Krankenkassen und Versicherungen. Und wer bezahlt die Krankenkassen und woher bekommen diese Kassen und Versicherer das Geld? Natürlich vom Bürger, also wieder von Ihnen. Sie werden diese Auswüchse alle selbst bezahlen und somit sind immer wieder Sie als Bürger derjenige, der dies alles zu bezahlen hat.

Genauso bei dem Thema, und dies ausnahmslos, mit den Versicherungen und deren Vertretern und ihren fraglichen Angeboten und Argumenten. Es wäre an der Zeit, sich nicht von dem Gewucher mit der Angst im Schadensfall und bei Tod sein Geld Monat für Monat aus der Tasche ziehen zu lassen, und dies für einen „Vielleicht-Fall". Hat denn der Bürger nicht rechnen gelernt?

Liebe Leser, die Versicherer profitieren ausschließlich, nicht Sie! Die Rendite ist überall gleich schlecht, bei welchem Versicherer auch die jeweilige Versicherung besteht.

Die Kosten für die Vertreter sind immens und die Gesellschaften wollen Abschlüsse und Verträge und bezahlen hierfür eine horrende Provision. Und wer bezahlt diese nun wieder? Natürlich Sie selbst.

Wenn man nun Geld von seiner Versicherung braucht, geht das nur durch Kündigung der Lebens- oder Rentenversicherung mit hohen Verlusten, oder man hat gar keinen Zugriff (Riester). Alternativ bieten die Versicherer die Beleihung des eigenen Vertrags und des eventuellen Guthabens oder Rückkaufswertes an.

Man könnte meinen, das ist doch eine Möglichkeit. Ja, wenn dann nicht ca. 7% - 8% Zins auf das eigene Geldguthaben im eigenen Vertrag bezahlt werden müsste. Ein Dank an dieser Stelle den Verbraucherschützern. Sie haben es in den letzten Jahren geschafft, dass die Kunden besser gestellt wurden und weniger Verluste machen. Allerdings, er macht sie immer noch. Und dies wird sich bei dieser Lobby und ihren Einflüssen, auch auf sie, die Verbraucherschutzorganisationen, nicht ändern.

Auch erwuchs in den letzten zehn Jahren in der Gesellschaft der fragwürdige Eindruck, dass man heute nur noch über einen Studiengang, der zur Erlangung von so genannten intellektuellen Titeln dient, jemand sei oder gar eine Berechtigung und Ansehen in der Gesellschaft hätte.

Diese so genannten Lerntitel, die an den Universitäten oder durch andere Studiengänge erlangt werden können, erscheinen landläufig als eine letzte Chance zum Leben und zum Überleben für junge Leute. Der Stolz auf die produktive Arbeit und die dahinter stehenden, für den

Staat wichtigsten Wirtschaftsfaktoren der Produktivität, erscheinen in der Gesellschaft als unpopulär.

Lerntitel eben auch deshalb, da hier zunächst mit diesen erlernten Titeln, bei allem Respekt vor der Lernleistung, noch keinerlei Produktivität für Land und Menschen abzuleiten ist und dann zudem abzuwarten bleibt, ob die Fülle der Studienabsolventen der Produktivität im Land in dieser dringendst benötigten Funktion real zur Verfügung stehen werden. Und selbst wenn dann ein Teil der Absolventen in den Geschäfts- oder sonstigen gewerblichen Prozessen stehen wird, so stellt sich die mathematische Frage nach Mehrwert für die Gesellschaft.

Kann ein Land mit nur Intellektuellen überleben und wachsen? Nein, eben nicht. Ohne Produktivität keine staatliche und gesellschaftliche Breite in der Entwicklung. Zudem ist diese nun neue, heranwachsende Generation oftmals verblendet, da sie dem Irrglauben unterliegt, sich selbst beweihräuchernd, ihre pseudokulturellen und wenigen, geistigen Grundlagen brachial hervorzuheben und in Szene zu setzen. Dadurch versuchen sie sich in der Gesellschaft als vermeintlich wertigere Mitglieder zu präsentieren. Gleiches gilt allerdings auch hieraus schlussfolgernd zu glauben, individuelle Entwicklungschancen könnten ausschließlich hieraus abgeleitet werden.

Innerhalb der gesellschaftlichen Strukturen und zur Förderung einer auf Produktivität aufgebauten gesellschaftlichen Entwicklung ist dies für die Zukunft keineswegs positiv, sondern eher sehr negativ zu beurteilen.

Auf der anderen Seite allerdings gilt Deutschland im Ausland, und das ist immens wichtig, und ist Grundlage des Erfolges dieses Nachkriegs-Deutschlands, nach wie vor als Markenzeichen. Basierend auf der historischen Vergangenheit, auch der weltweiten Diplomatie, der Präzision und der umfassenden Kompetenz.

Eine interne Basis in Deutschland für die Zukunft ist nur zu erreichen, wenn hierbei eine langfristige Grundsicherung in der Gesellschaft geschaffen werden kann, die es schafft, dass es Menschen und Betriebe gibt, die ihre Innovation und Produktivität aktiv im produzierenden Bereich einbringen und täglich umsetzen. Dies sind unabdingbare Faktoren und Grundlagen.

Hierdurch wird die für das Wachstum notwendige Produktivität generiert. Weltweit in der Gruppe der führenden Exportländer zu stehen, bedeutet langfristig die Stärkung und Sicherung in diesem produktiven Segment zu gewährleisten.

Doch eben dieser notwendige und produktive Mittelstand stagniert in der Breite bedauerlicherweise seit 1993. Nicht zuletzt verlor man sich auf dem Weg auch in dem Irrglauben im Bereich der produktiven Auslagerung von Unternehmensteilen, durch Outsourcing, durch Konzerning und hernach über Preisdumping. Man hat sich allerdings hierdurch vehement selbst torpediert und in großen Teilen eben in der wichtigen Mittelstandsbreite selbst eliminiert.

Dieser Weg führte in den meisten Fällen zudem zu einem Preiskampf unter den Wettbewerbern, der, so haben diese leider nicht begriffen, dafür sorgte, dass Einsparungen und damit die Wettbewerbs- und Konkurrenzfähigkeit nur noch über die Qualitätsminderung zu machen war und ist. Gleichzeitig eliminierte man so den für Deutschland wichtigen Mittelstand, die Arbeitsplätze und unverzichtbare Innovationen.

Wie aber steht dann die in der Breite angestrebte, intellektuelle Ausrichtung hierzu im Kontext? Und wo kommen denn dann Arbeitsplätze und Arbeitskräfte her, die sich die Hände schmutzig machen werden und die zur Produktivität notwendigen Arbeiten ausführen? Nun, und schon sind wir wieder bei der Thematik der Einwanderung und den Migranten. Was für ein Paradoxon.

Zudem werden sich, ob es dem so genannten „Deutschen" gefällt oder nicht, eben diesen Einwanderern mit den ihnen gegebenen und von ihnen erkannten Chancen große Möglichkeiten in Deutschland auftun, die diese natürlich auch nutzen werden. Und was macht nun die so genannte intellektuelle Riege? Sie diskutiert und verlangt Gleichstellung aller im Land, und für sich denn doch etwas gleicher.

Hatte Deutschland nicht schon einmal diesen Anflug in den 68er Jahren? Allerdings waren diese Leute seinerzeit eine Minderheit und Außenseiter und insofern nicht relevant, sondern nur störend. Heute jedoch sitzen sie in Stadträten, Entscheidungskremien und in der Politik. Also mittendrin und der Rest ist draußen.

Auch das ist ein gelebter Irrglaube, dass in der heute erziehenden zweiten Nachkriegsgeneration davon ausgegangen wird, man müsse lieber kaufmännisch arbeiten, bevor man sich die Hände schmutzig macht. Der Einfluss hierbei seitens der Gewerkschaften ist nicht unerheblich. Dies alles führte bisher und wird bedauerlicherweise noch massiver in der Zukunft dazu führen, dass selbst Fachkräfte, die heute scheinbar noch abgesichert sind, nicht mehr in Lohn und Brot sein werden, sondern gezwungenermaßen vom Staat und von Hartz 4 (Geldwerte Absicherung bei Arbeitslosigkeit) leben müssen. Zudem reichen oft die monatlichen Löhne nicht mehr dazu aus, die Familienstrukturen und das tägliche Leben zu finanzieren. Auch und gerade auch in den Haushalten der so genannten Fachkräfte.

Milde formuliert, eine sehr ungute Situation. Man könnte denken, die Menschen in diesem Land sind der Meinung, in einem Schlaraffenland zu leben, in dem Milch und Honig für jeden fließen. Nicht zu vergessen die Pflicht- und Erwartungshaltung eines anderen Teils der Bevölkerung, warum auch immer, von Dritten Freiräume und Geld zu erwarten, um sich Statussymbole wie Urlaube, Autos, Einrichtungen und Kleidung, möglichst nur mit Labels, als Normalität leisten zu können.

Wenn dann eine Gesellschaft in der Breite nicht mehr auf realem und gefestigtem Boden steht oder keine Basis hat, so wird dies nicht nur für eine fehlende wirtschaftlich und sozial ausgewogene Struktur sorgen, sondern auch Raum für zahlreiche Auswüchse negativer Art im Bereich der Kriminalität und sozialer Verwahrlosung schaffen, die sich dann zudem auf die Kultur und die Gesellschaft im Fortgang massiv negativ auswirken wird. Leider sind diese Entwicklungen in Deutschland bereits vorangeschritten und unübersehbar. Bereits eine Vielzahl von Bürgern hegt, vorsichtig formuliert, negative Gedanken gegen die Migration und die Migranten in Deutschland.

Hat hier nicht hauptsächlich die Politik zur Schaffung der Situationen, wie vorstehend beschrieben, einen großen Teil dazu beigetragen? Sind es nicht auch mittlerweile die Gerichte auf den unteren Ebenen selbst, die durch ihre „unterschiedlichen Beurteilungen" oder „sozialen Einschätzungen" bei der Trennung zwischen Migrations-Hintergrund und deutschen Bürgern in der Breite dem massiven, negativen, öffentlichen Meinungsbild Vorschub leisteten?

Einerseits im Bereich der Migranten und der öffentlichen Meinung hierzu, es passiere ja sowieso recht wenig bei gesetzesüberschreitenden Taten bei diesen Leuten. Andererseits bei den konservativen, klassischen Deutschen dann der Blickwinkel, Migrant müsse man sein, dann würde man in Deutschland besser behandelt. Sehen Sie diese Entwicklung nicht auch als bedenklich an, gerade wenn man diese Grundlage auf die Zukunft projiziert?

Also Vorsicht, Ihr Politiker, Ihr intellektuellen Gleichsteller! Solange Sie keine klaren Strukturen in der Basis schaffen, solange wird es mit der Staatsführung nicht klappen und der Bürger wird, auch wenn die Politik den Bürger immer noch als Lamm sieht, auf die Barrikaden gehen. Es ist nur eine Zeitfrage.

Die Vorgehensweise der Politik im Bereich der sozialen Absicherung durch den Staat nimmt auf die Gesellschaft, die Wirtschaft und die Produktivität sehr viel mehr, als bisher geglaubt und von der Politik zugegeben, negativen Einfluss. Die laut dem Grundgesetz des Staates verankerte, soziale Absicherung der Menschen während ihrer Arbeitszeit und im Alter wird in diesem Land nicht mehr aufrecht zu erhalten sein.

Diese Situation wurde vordergründig durch die politisch sehr fragwürdige Führung und die nicht in den Griff zu bekommende Finanzierbarkeit eben durch diese Sozial-Rentenabsicherung der Menschen in diesem Land verursacht. Dies bedeutet nun folglich, dass, wenn auch politisch nicht opportun, eine seit Jahren bereits sichtbare und für die Menschen spürbare Absenkung der sozialen Absicherungs- und Leistungskomponenten in den täglichen Bereichen, nicht zu vergessen im Alter, kommen wird. Hier laufen Deutschland und die Bevölkerung, verursacht durch die vergangene und heutige aktuelle Politik, die Haltung und Fehlfinanzierung in diesen Segmenten, auf eine heute schon bekannte Sozial-, Gesundheits- und Altersarmut zu.

Bleibt die Frage zu stellen, wer dann die heute der Regierung und den Demographen schon bekannten immensen Kosten notwendiger Sozialleistungen bezahlen und finanzieren soll.

Ein unumgänglicher Prozess, der ehrlicher- und richtigerweise der Gesellschaft offen und zeitnah vermittelt werden muss. Die Arbeit und die Produktivität jedes Einzelnen in der deutschen Gesellschaft sind mehr denn je notwendig, um an die Zeiten des Wirtschaftswachstums in der Vergangenheit für die Zukunft anzuknüpfen. Alleine die immer wieder vordergründig viel zitierten guten Exportzahlen genügen hierbei nicht. Die Erträge werden hieraus bedauerlicherweise nicht mehr aus der Breite generiert, die Deutschland wesentlich und gesichert nach dem letzten Weltkrieg den massiven und schnellen Aufschwung bescherte.

Es ist unumgänglich, die erfolgreiche Wirtschaftsstruktur und den Mittelstand der vielen, vielen Klein- und Kleinstfirmen ohne Zeitverlust oder politische Ängste vor Anti-populismus wiederzubeleben. Hieraus muss dann eine Bewegung resultieren, dass die speziell in der Gesellschaft neu geschaffene Attraktivität und Aufwertung von handwerklichen Stellen und Berufen Zulauf findet.

Bedauerlicherweise entsteht nunmehr seit vielen Jahren ein sich langsam entwickelndes Vakuum in der Gesellschaft, welches nach außen vehement verschleiert wird. Dieses Vakuum führt in der Breite heute bereits wieder sichtbar zu negativen Verhaltensmerkmalen in der Bevölkerung, die sich in Aggression, Empfinden von sozialer Ungerechtigkeit, Fremdenfeindlichkeit und Ausgrenzung von allem und jedem, der nicht in das gleiche Horn der Lethargie hineinbläst, nach sich zieht. Und wer es wagt, es doch zu tun, ist unsozial. Was für eine verschobene, irreale, politisch geschaffene Betrachtungswelt.

Zudem wird vielfach leider nur öffentlich populistisch der Themenbereich der Sozialethik als verbale Rechtfertigung zitiert und herangezogen. Grundsätzlich ist dies inhaltlich erstrebenswert, allerdings in ihren heute vorhandenen Auswucherungen fehlgeleitet und oftmals als Schutzschild oder Alibi für die eigenen, eben nicht sozialethischen Motive verwendet. Hier wird gewuchert und optisch vermarktet, wie es schlimmer nicht sein kann. Kein Politiker ist mutig genug, offen die Frage zu stellen, wer das bezahlen soll, oder gar die Ehrlichkeit zu besitzen, darauf hinzuweisen, dass Deutschland sich dies schon längst nicht mehr leisten kann.

Selbstredend wäre dies der politische Selbstmord des einzelnen Politikers und dessen Partei, die bei der nächsten Wahl nicht nur Stimmen verlieren würden, sondern zudem hieraus abgeleitet durch das Weniger an Stimmen, einen wesentlich geringeren finanziellen, geldwerten Ausgleich für jede in der Wahl erhaltene Wählerstimme bekommt. Ein handfester wirtschaftlicher geldwerter Faktor für die politischen Parteien, gleich welcher Ausrichtung, da die Wahlen und hierbei jede erhaltene Wählerstimme sich direkt in geldwertem Umsatz für die Parteien nach der Wahl niederschlagen und Geld in die Kassen der Parteien spülen.

Hieraus ist unabdingbar und deutlich abzuleiten, dass hier ein nicht zu unterschätzendes Neagativmoment und die Motive, zudem für die Politiker, ihre Parteien und ihre Darstellungen in der Öffentlichkeit, angelagert sind. Dies bedeutet grundsätzlich die Frage nach dem Motiv von Aussagen oder Darstellungen gegenüber der Öffentlichkeit, sowie die Infragestellung deren täglich sichtbarer Haltung in den Medien zu stellen.

Gerade hier ist ein wesentlicher Faktor begründet, über den eine Änderung herbeizuführen ist. Und dies ist unumgänglich, um über die Politik und die Politiker den Menschen im Lande das Verständnis wieder hin zum Staat, und dies schnell, zu vermitteln. Deutschland hat bereits viel Kraft und Aufwand in den falschen Weg investiert. Ist nicht die richtige Vorgehensweise, ein Schritt – Analyse, ein weiterer Schritt – Analyse usw. richtig? Allerdings ist dies nicht mit einem Heer von gesichtslosen Staatsdienern und den immerwährenden, verbreiteten, populistischen, leeren Phrasen möglich. Erlauben Sie hierzu anzumerken: Nicht an ihrem Auftreten und ihren Worten werden Sie die Politiker, die so genannten und selbsternannten Führungspersonen erkennen, sondern an dem, was diese aktiv und mit dem erforderlichen Ergebnis nachweislich geschaffen und umgesetzt haben.

Um künftig weltweit mit Qualität, Kompetenz und Perfektion und einem positiven und anerkannten Stellenwert unter den produzierenden und gefragten Ländern Erfolg zu haben, ist eine innere, rasche Umkehr und Justierung im Land unumgänglich. Allerdings wird es auch nicht mit der Gesichtslosigkeit der in Deutschland politisch aufstrebenden alternativen Grünen Partei gehen.

Deutschland genoss aus der Vergangenheit bis heute andauernd international einen sehr guten Ruf im Bereich der Wirtschaft, dem Qualitätsmanagement, der Produktivität und der Zuverlässigkeit und nicht zuletzt in der Diplomatie.

In der Diplomatie ist allerdings in weiten Teilen der Welt festzustellen, dass zwar die Präsenz vor Ort vorhanden ist, jedoch gelingt es vielfach nicht, die Handelsbeziehungen auf eine gefestigte, breite und fundierte Basis zu stellen. Leider beschränken sich die Aktivitäten nur auf die Ebene der Großkonzerne mit den entsprechenden politischen Einflüssen. Die hier vielfach alten Mechanismen der Diplomatie und deren Abhängigkeiten sind in dem heutigen internationalen Markt nicht angepasst und eingepreist.

Deutschland hat weltweit noch ein riesiges, ungenutztes Potenzial im Bereich seiner Kompetenz-Ressourcen. Trotz einem in der Welt anerkannten großen wissenschaftlichen und wirtschaftlichen Respekt ist Deutschland noch weit hinter seinen Möglichkeiten zurück. Gerade jedoch im Hinblick auf die sich zwangsläufig verändernden Strukturen und Rahmendaten im weltweiten Umfeld, auch innerhalb der heutigen Allianzen, der EU, muss sich Deutschland heute bereits klar positionieren, auch wenn es für den einen oder anderen Partner unbequem ist oder ihn in seiner bisherigen Führungs- und Verhaltensrolle in Frage stellt.

Die Handelspartner von Deutschland stehen heute weltweit fest zu den bisherigen Kooperationen und werden auch in der Zukunft zu und hinter Deutschland stehen. Nicht aber zur EU als globalisiertem Bündnis.

Als überaus gefährlich sind die Basisdaten und der Stand der EU im Jahre 2011 sowie die inhaltliche und wirtschaftliche Vorschau zu betrachten.

Die EU ist für ein Land wie eben Deutschland ein Verhinderungsmotor in dessen künftiger Entwicklung. Die Produktivität der wirtschaftlich kollabierenden EU-Mitgliedstaaten, wie z. B. Spanien, Portugal, Griechenland, Irland und in Teilen Italiens, auch Frankreich und England und weitere werden folgen, wird immens zurückgehen. Sie werden in einem Land wie Deutschland die Ressourcen, die Liquidität und den damit verbundenen Lebensmotor kurz- bis mittelfristig zum Kollabieren bringen.

Leider wird eine derartige Entwicklung bereits heute sichtbar und wird sich zunehmend in den nächsten Jahren noch verstärken, nicht finanzierbar und nicht aufhaltbar sein. Dies wird sich bedauerlicherweise auch nicht durch den im Frühjahr 2011 pragmatischen Schulterschluss, hin zur EU-Sicherung von Deutschlands Bundeskanzlerin Merkel und Frankreichs Staatspräsident Sarkozy, wie in der Öffentlichkeit dargestellt, verändern.

Gerade die in 2011 sichtbar gewordene Bankrott-Problematik mit Griechenland, dem dann von der EU installierten Rettungsschirm, der so genannten Hebelfinanzierung zur Sanierung dieses Landes und eventuell weiterer Länder, ist für jeden Mathematiker und einigermaßen denkenden Menschen ein Unsinn. Die beantragten Mittel von mehr als 100 Mrd. € zur Sanierung reichen nicht aus, da man im Land selbst, zunächst ein breit angelegtes, wirtschaftlich denkendes Moment in den Köpfen derer schaffen muss, die bisher ausschließlich in die eigene Tasche gewirtschaftet haben. Dieses Land hat bisher kein funktionierendes Steuer- und Wirtschaftssystem.

Bis wann also z. B. Griechenland eigenständig sein wird, ist zeitlich nicht abschätzbar, wenn überhaupt. Die Höhe der Kosten für die Zeit und den Weg sind nicht kalkulierbar und nicht finanzierbar.

Nun, das in der EU kursierende Schlagwort des Hebels zur Sanierung bedeutet nichts anderes, als dass die anderen EU-Partner, die bisher nicht dabei sind, Gelder für marode Länder trotz des Wissens, dass das Geld weg sein wird, zur Verfügung stellen sollen. Hauptsächlich Staaten wie Deutschland und Frankreich bürgen hierfür mit einem Großteil. Also als Beispiel: zahlt ein Staat 5 € an Griechenland und das hier finanzierte Land geht schlussendlich dann doch bankrott, dann bekommt dieser Staat von Deutschland oder Frankreich € 2 garantiert zurück.

Nun, so erhofft man sich weitere, notwendige Liquidität. Nur genau hierbei wird die Ohnmacht der EU sichtbar, auch daran, dass die Gelder nicht da sind und keiner diese Risiken stemmen kann. Was, und davon geht die EU aus, wenn weitere Länder ausfallen und bankrott sind, wovon man im Übrigen schon weiß, dass dies in großem Maße der Fall sein wird.

Es stellt sich doch immer noch zwingend, unter Zugrundelegung der Mitglieder der EU und deren Kompetenzbereichen, Ressourcen und Innenstrukturen, die Frage, wer aus dem Verbund der heutigen EU letztlich überhaupt die Befähigung hat, aufgrund des gesunden Zusammenwirkens aller in einem Land intern notwendigen Ressourcen, der sich verändernden Weltmarktsituation und deren Kapazitäten und Kompetenzen gerecht zu werden oder in der Lage ist, eine aktive Position zu haben.

Die derzeitigen Handelsbeziehungen von Deutschland, auch in Anbetracht der sich zwangläufig verändernden EU-Struktur, werfen die Frage auf, ob es nicht besser ist, die im Jahre 2011 bestehende EU grundsätzlich zu überdenken und neu auszurichten oder gar diese zu verlassen. Sollte sich Deutschland im Bereich der Währungsunion innerhalb der EU wieder auf seine Autonomie mit der eigenen Währung weltweit am Markt besinnen, sich präsentieren und/oder anknüpfen? Ja, sicher und dies recht rasch, denn es ist heute bereits davon auszugehen, dass die EU spätestens in 2013 ohne die Möglichkeit diese letztlich finanziell retten zu können, eskalieren wird.

Jeder, der hierbei weiterhin dieses Thema schön redet, ist für Deutschland und die wirtschaftlichen Folgen hieraus als gefährlich einzustufen und in die Verantwortung zu nehmen.

Deutschland ist weltweit bekannt für Innovationen, Entwicklungen, Leistungspotentiale, Präzision und Verlässlichkeit und wird dies auch bleiben müssen, um künftig international in der Zukunft bestehen zu können und dem bisherigen soliden Ruf und dem Leumund der Vergangenheit langfristig gerecht zu werden.

Man kann Deutschland nur eine Empfehlung zur Abspaltung von der EU geben. Nicht zuletzt aufgrund der unmittelbaren und künftig sich verändernden Märkte, der künftig möglichen und wahrscheinlichen Kooperationen und der zu erwartenden finanziellen Zusammenbrüche verschiedener Länder. Weiterhin wäre anzuraten, davon abzusehen, die EU mit der im eigenen Land notwendigen Liquidität zu subventionieren.

Wie lange will man den Menschen in der Öffentlichkeit noch weismachen, dass ein Ausstieg aus der EU nicht tragend für die Entwicklung des Landes Deutschland und eine Aufrechterhaltung der EU für den Weltmarkt erforderlich sei? Welch seltsame Thesen die Politik hierbei vordergründig an den Markt stellt! Glauben Sie dies tatsächlich?

Wäre im Umkehrschluss hier natürlich die These abzuleiten, ob die Politik nicht bereits in weiser Voraussicht und vorausschauend die Geldscheine und Münzen der alten Währung der DM schon wieder in den Lägern der Bundesbank frisch gedruckt liegen hat. Sicherlich wäre dies nicht unrealistisch und entspräche auch den realen Einschätzungen der Situationen und der Märkte.

Nun, die bereits sichtbar sich verändernden internationalen Märkte hingegen und die hieraus abzuleitenden künftigen verschobenen Machtpositionen durch Länder, von denen man in der Öffentlichkeit im Jahre 2011/12 noch nicht spricht, werden sich zudem massiv in das bisherige Geschehen einbringen, was dazu führen wird, dass manche der heutigen weltweiten Wirtschaftsbündnisse künftig in Frage zu stellen sein werden.

Dies wird Deutschland weiterhin Vorschub in der wirtschaftlichen und strategischen internationalen Rolle leisten. Jedem und allem gerecht zu werden, was vordergründig bis heute noch lanciert wird, wird aufgrund der immensen weltweiten Bedürfnisse an Lebensmitteln und Ressourcen und der jeweiligen landeseigenen Eigen-Definition nicht möglich sein. Etwas anderes zu behaupten dient lediglich zur Beruhigung und zur strategischen Vorbereitung des Unvermeidlichen.

Sicherlich wäre eine globale Ausrichtung einer Ost-West-Allianz nicht uninteressant. Hier wäre anzudenken, dass Deutschland im Verbund der Baltischen Staaten, mit den Skandinavischen Ländern und der Russischen Föderation kooperiert. Die wirtschaftlichen Grundlagen, Verbindungen und Ressourcen liegen bereits vor. Hierdurch könnte eine wichtige, große und zukünftige Wirtschaftsallianz hinsichtlich der „gefährlichen internationalen Entwicklung" auch speziell dem Plan von China und dessen zentralistischer Haltung und Strategie langfristig entgegenwirken.

China selbst investiert seit Jahren sehr massiv in die weltweit notwendigen Basisressourcen und Grundelemente sowie in seine künftigen Marktpositionen. Zudem verfügt dieses Land über eine immense Liquidität, die es ihm erlauben wird, seine Vormachtstellung weltweit ungebremst auszubauen. Eine weltweite Abhängigkeit von China wird entstehen, die als sehr gefährlich anzusehen ist. Der Prozess hierzu ist bereits auf dem Weg. Alleine hieraus resultierend müssen die künftigen eigenen Marktpositionen und auch Führungspositionen neu überdacht werden.

Diese Veränderungen werden zudem unweigerlich auch dazu führen, dass die bisherige, führende Volkswirtschaft, am Beispiel der USA bereits sichtbar in 2011, sich in einer denkbar schlechten und ungünstigen Position bewegt und bewegen wird. Die Ökonomen und Strategen in den USA, aber auch außerhalb, wissen dies bereits seit langem. Man muss und hat bereits darüber nachgedacht, wie eine künftige, strategische Position zu erlangen ist oder sein kann. Stellt sich die Frage der künftigen Ausrichtung, der Einflussnahme und der Vorgehensweise speziell der USA. Hierbei nicht zu vergessen ist jedoch, dass die USA weltweit der größte Lieferant im Bereich militärischer Waffen ist und hieraus immense Umsätze zur Stabilisierung der eigenen Wirtschaft generiert und jährlich wiederkehrend benötigt.

Neue Allianzen werden in der nahen Zukunft weltweit die Folge von Rohstoffreserven und hieraus veränderten Märkten sein. Allerdings nicht auf Basis der im Jahre 2011 bestehenden Allianzen und deren Partner im heute noch vorhandenen Umfang. Jedoch künftig vermehrt und in der weiteren Abfolge der strategischen Vorbereitung der letzten Jahre von China selbst, wird allen voran China im Bereich Leadership eine tragende Rolle einnehmen.

Ein für Deutschland bisher viel zu wenig genutzter Markt liegt zudem im gesamten Mittleren und Nahen Osten. Hier sind Handelspartner und für Deutschland brachliegende Märkte vorhanden, die nur darauf warten, mit Deutschland in wesentlich engerer und sehr verlässlicher Kooperation zusammenzuarbeiten. Bedauerlicherweise tun sich hierbei Deutschland und dessen Vertreter vor Ort, auch das Auswärtige Amt, noch immer sehr schwer. Dies erscheint abstrus, da Deutschland bereits nachhaltig in diesen Regionen als zum Teil stärkster Importeur gelistet ist.

Allerdings muss man natürlich auch die realen Basisdaten vor Ort im Mittleren und Nahen Osten sehen. Zudem die spezielle Geschäftsmentalität der arabischen Welt. Oft liegen hier auch die unüberwindbaren Defizite, um gemeinsam die Basis für eine kooperative und geschätzte Zusammenarbeit zu begründen. Stellen Sie sich vor, Sie verhandeln mit Ihrem Partner, der Sie glauben machen will, dass alles kein Problem darstellt. Jedoch wissen Sie, dass weder ein Bankensicherungs- noch Vertragssicherungsmoment und entsprechende geschäftssichernde Rahmendaten vorhanden sind, denen man vertrauen kann.

Würden Sie auf dieser Basis ein Risiko eingehen, auch wenn sehr oft als Grundlage von der Gegenseite mit sehr großen Geschäftsvolumina operiert wird? Dies erscheint alles vordergründig klar und sicher. Doch man sollte sich nicht darauf verlassen. Viel zu oft ist die Grundlage der Verhandlungen nur die, die Ressourcen in das jeweilige arabische Land zu bekommen. Bezahlen soll dies allerdings der ausländische Partner. Quasi als Eintrittskarte für das große Spiel. Mittelständische Firmen sind hierbei völlig überfordert. Doch selbst führende Industriefirmen erbrachten Top-Leistung und die Rechnungen sind bis heute nicht bezahlt. Und dies trotz Sicherung und LC und Bankengarantie.

Ein weiteres, Einfluss nehmendes Moment besteht zudem in den Abhängigkeiten der bisherigen Allianzen mit den USA, die immer ihre eigenen Interessen wahren werden und zudem hierbei in einer Leaderfunktion und als Controller fungieren und dies verlangen. Im Weiteren liegt es im notwenigen Umdenkprozess, der bisherigen Präsentation Deutschlands und der deutschen Mentalität und des damit verbundenen Auftretens vor Ort.

Ein sofortiges und unumgängliches Moment der Veränderung und Öffnung, aber auch die Flexibilität, anderweitig neue Sicherungskomponenten herzustellen, werden Deutschland hierbei unglaubliche Vorteile und eine weltweite Führungsrolle einbringen können. Zudem wäre eine Integration und Basis mit der vorstehenden, angedachten Koalition zwischen Deutschland, den baltischen Ländern und der Russischen Föderation und deren Verbindungen eine nicht zu unterschätzende Grundlage, die weltweit zudem Synergien durch bereits vorhandene, im jeweiligen Netzwerk befindliche Verbindungen nach sich zieht.

Erschwerend kommt noch dazu, dass auf den Grundlagen der Historie von Deutschland selbst und dem heute noch immer bestehenden Waffenstillstand mit den Alliierten, nicht einem Friedensvertrag, ein Hemmnis begründet ist. Gleiches gilt für eine zu starke Abhängigkeit von den USA, die ein nicht zu unterschätzendes negatives Moment für den schleppenden Prozess der Eigenentwicklung eines starken und autonomen Zukunfts-Deutschlands, welches sich anschickt, sich weltweit zu positionieren, begründet.

Zum innenpolitischen Thema der vielen Zuwanderer aus der Türkei und der bereits geführten Interims-Gespräche im Herbst 2010 mit dem türkischen Präsidenten Erdogan ist dieses Thema sicherlich öffentlichkeitswirksam. Wie weit allerdings für die Zukunft gangbare Wege beschritten werden können, ist zudem in Anbetracht der Historie der

Türkei und deren Mentalität mit sorgsamem Blick und Aufmerksamkeit zu betrachten.

Die Türkei wird sich im Hinblick auf ihre ureigene weitere Entwicklung Deutschland als so genannten Referenzpartner gezielt zunutze machen. Zudem profitiert die Türkei bereits in immensem geldwertem Umfang von der im Jahre 2011 bestehenden EU. Der Investitionsboom und der Ausbau der wirtschaftlichen Aktivitäten der Türkei sind eindrucksvoll sichtbar in der Entwicklung in Istanbul.

Ein nicht ganz unproblematisches Thema der heutigen türkischen Migranten im Ausland ist, dass sie als ein Volk erscheinen, welches nicht dem Integrationsanspruch, sondern der strategischen Infiltrierung und Provokation mit Herrschaftsanspruch folgt.

Wenn also Deutschland weiterhin dem Irrglauben unterliegt, hinsichtlich der Nichtdeckung der notwendigen Arbeitsplätze oder Fachkräfte oder aufgrund der künftigen Population im eigenen Land auf die Integration von türkischen Einwanderern zu setzen, so ist dies sicherlich umfassend in der Langfristigkeit ein verheerender Fehler und vollumfänglich zu überdenken.

Man sollte sich zudem die in Deutschland vorzufindenden türkischen Strukturen, Geldflüsse und Warenflüsse einmal genauer anschauen. Hier wird sehr schnell festzustellen sein, dass das Geld, welches z. B. aus Lohn oder Handel in

Deutschland verdient wird, nicht wieder oder nur in sehr geringem Umfang in den Wirtschaftskreislauf in Deutschland und damit zur Belebung der künftigen konjunkturellen Lage in Deutschland einfließt. Die Gelder fließen vielmehr in Kreisläufe innerhalb der türkischen Migranten und ihrem Heimatland. Sicherlich wäre eine Betrachtung der Kosten-Nutzen-Rechnung auf realer Basis nicht uninteressant und angebracht.

Deutschland wendet jährlich Unsummen im Bereich der Bildung, im Bereich des Sozialen und der Ausgaben für Migration auf. Ein richtiger Ansatz unter dem Aspekt der langfristigen Sicherung von Wirtschaftswachstum und Entwicklung der eigenen Bevölkerung im Lande. Zum langfristigen Schutz des Staates und der Menschen im Land selbst, wie aber auch der Migranten, ist es sicherlich jedoch angeraten, vehement klare Vorgaben bei einer Migration in Deutschland, der Integration aller Migranten und deren nachfolgenden Personen und Familien, deren Leistung, Haltung und Benehmen (integratives Eigenverhalten) in Deutschland einzufordern. Eventuell ist die bisherige Gesetzgebung zu verändern, auch wenn dies bedeuten würde, derzeit politisch unpopulär zu erscheinen.

Die jüngsten Beispiele 2010/2011, die unter anderem spürbar und sichtbar waren, war der Bereich der Thematik „Kopftuch", des Weiteren auch, in den Schulen Unterricht in der türkischen Sprache zu verlangen, dies kann nur als ein Affront gegenüber dem Land und den Menschen in Deutschland gesehen werden.

Nun sind in der religiösen Ausübung des Islam in Deutschland islamistische Studiengänge begründet worden. Wen wundert es, dass hierbei Tübingen (Baden Württemberg) in 2011 mit einer Blitzaktion an Aktionismus in der Umsetzung als erstes Zentrum den Studiengang Islamistik eröffnete. Bleibt abzuwarten, selbst in einer als sehr alternativ zu bezeichneten Stadt wie Tübingen, wie sich dies alles entwickeln wird. Zumal in Tübingen selbst im Segment der theologischen Lehren und Ausbildungen auch die evangelischen und katholischen Aktivitäten sehr ausgeprägt sind. Tübingen gilt im Bereich der religiösen Lehren immer noch als Keimzelle der mannigfaltigen und Einfluss nehmenden theologischen Ausrichtungen und Lehren in Deutschland.

Seit Jahren wurde über türkische Strukturen und unterstützt von verschiedenen deutschen Gruppierungen durch abstruse Diskussion versucht, sich in Deutschland in den Vordergrund zu spielen. Ein gefährliches Spiel für Deutschland, intern und extern ausgespielt zu werden.

Bereits im Jahre 2010 wurden in Deutschland die Stimmen über eine soziale Ungerechtigkeit immer lauter. Dies sind bereits die fortgeschrittenen Ansätze eines Volkes, welches sich nicht mit der Politik identifiziert und folglich rebelliert. Hier ist es dringendst angeraten, die optische

und faktische Wiederherstellung der sozialen Gerechtigkeit und den Stand der Bürger in Deutschland aufzuwerten. Auch die vordergründige gefährliche Haltung darüber
hinwegzusehen, dass man die geforderten Rahmenbedingungen vernachlässigen kann, wenn die Migranten erst
einmal einen deutschen Pass haben, ist sicherlich zu überdenken.

Der Pass macht noch lange nicht, übrigens in keinem Land
der Welt, jemanden zu einem in der Gesellschaft integrier-
ten Mitglied.

Deutschland hat kein Problem mit moslemischen Ausrichtungen und wird dies auch in seiner Grundhaltung und
Auffassung in der Zukunft nicht haben. Im Übrigen kann
die Grundhaltung in der moslemischen Welt eine sehr kooperative und sehr soziale Komponente sein. Das, was hier
speziell aber in Deutschland und einem Teil der Migranten
und ihren frechen Forderungen sichtbar wird, ist lediglich
die freie Interpretation der speziellen Auslebung einer in
Deutschland lebenden und irrigerweise noch unterstützten
türkischen kleinen Minderheit. Hier wäre es sicherlich die
Pflicht, speziell bei klaren gesetzlichen Vorgaben anzuset-
zen. Zudem aber auch bei dem türkischen Staatspräsidenten Erdorgan, der in seiner Schlüsselfunktion als Einfluss
nehmendes Organ, ein nach Vorgabe durch Deutschland
angepasstes Integrationsverhalten und Benehmen seiner
Landsleute einfordern muss.

Eine Verwendung deutscher Politiker oder des deutschen Staates durch die Türken, wie mittlerweile unübersehbar geworden, das schamlose Ausnutzen von innerdeutschen sozialen Strukturen und Haltungen und die Verwendung der eigenen deutschen Gesetzmäßigkeit gegen Deutschland selbst, die ausschließlich zur Integration der Türkei in die EU oder der Türken in Deutschland dienen, ist im Risikomanagement als sehr negativ einzustufen.

Es bleibt von der deutschen Politik zu erwarten und gleichwohl zu wünschen, dass sich in Deutschland zum Thema Migration der Mut im Innen- und Außenverhältnis durchsetzen wird, Ehrlichkeit zu schaffen sowie klare, einzuhaltende Rahmendaten zum Leben und Arbeiten in Deutschland zu fordern.

Fachkräfte und junge, begeisterte Menschen für die Zukunft von Deutschland zu gewinnen, bedeutet sich auch umgehend die EU-Länder und deren Strukturen einmal genauer anzuschauen. Hier gibt es zudem genügend Potenziale an jungen und qualifizierten Menschen, was in der Kooperation für Deutschland, aber auch für die jeweiligen eigenen Herkunftsländer der EU-Migranten, ein nicht zu unterschätzendes Entwicklungsmoment darstellen kann.

Es bleibt schlussendlich zu wünschen übrig, dass ein aktiver und schneller Aufbruch in die Zukunft beginnt, der weltweit dazu führt, als wertgeschätztes, kompetentes, multikulturelles Mitglied der Weltwirtschaft akzeptiert zu werden. Dies gepaart mit einer hohen Sozial- und Humanethik, die auf den deutschen Fahnen steht. Kompetenzpositionen im Innen- und Außenverhältnis müssen klar angestrebt, umgesetzt, eingenommen und abgegrenzt werden. Dies sind wesentliche Parameter, die die Basis eines souveränen und selbstbewussten Staates in der Gesamtheit weltweit künftig bestimmen werden.

Deutschland gilt heute als ein Land mit immensem Potenzial und weltweitem Standing und dies im perfekten Kontext der sich global bereits in Gang gesetzten und mittelfristig unumstößlich und weitreichend verändernden Welt- und Wirtschaftsstrukturen.

2.1.2   Frankreich / England

Hinsichtlich der Länder England und Frankreich sind diese beiden intern selbst in einer innenpolitisch wie auch
wirtschaftlich schlechten Situation. Beide Länder wissen
genau, dass es lediglich eine Zeitfrage sein wird, bis sie
die Hilfe der EU benötigen werden. Deshalb werden diese
beiden unbedingt an einer Zugehörigkeit zu den vorhandenen EU-Organisationen festhalten, um damit, wohl wissend um die Explosion der wirtschaftlichen Zeitbombe im
eigenen Land, Schutz und finanzielle Unterstützung der
EU und von den Bündnispartnern zu haben und zu erhalten.

England selbst wird in nächster Zeit mit der Herabstufung
der Ratingagenturen rechnen müssen. Denn die Haushalts-
schieflage und die wirtschaftlichen Rahmendaten sind sehr
kritisch. Zudem ist die Entwicklung der wirtschaftlichen
Perspektive in diesem Land nicht gegeben.

Beide Länder, Frankreich und England, sind aufgrund der
Historie und durch den zweiten Weltkrieg in einer eher
traditionellen Verbindung im Verbund mit den USA und
Russland. England selbst übt sehr deutlich seit Jahren den
militärischen Schulterschluss mit den USA im Nahen Osten und in der Bekämpfung der Al Kaida sowie des gesamten Terrorismus und wird dies rein aus strategischen,
wirtschaftlichen und finanziellen Überlegungen heraus,
nicht zuletzt auch über die Verbindung der Geheimdienste,
in weltweitem Einsatz weiterhin forcieren und bekräftigen.

Frankreich war über die letzten Jahre ein ständiger Begleiter an der Seite von Deutschland. Dies natürlich aufgrund der direkten und nahen geographischen Verbindung, aber letztlich für Frankreich ein Mitschwimmen an der Seite des wirtschaftsstarken und gut positionierten Deutschlands, betrachtet man dies aus Sicht der Europäischen Union.

Natürlich darf man in diesem Zusammenhang nicht unerwähnt lassen, dass Frankreich, historisch bedingt, nach wie vor sein Recht als alliierte Nation einfordert. Dies ist bei jedem Besuch und Zusammentreffen von Bundeskanzlerin Merkel und dem Staatspräsidenten Sarkozy sichtbar. Selbst in den Bewegungsabläufen als Frau mit den entsprechenden Attributen ist zu beobachten, dass Frau Merkel, und wenn es nur darum geht, einen Raum mit Sarkozy zu betreten, dem französischen Staatsmann den Vortritt lässt.

Trotz der nicht gerade wirtschaftlich starken Position von Frankreich kann aufgrund historischer Grundlagen Deutschland sich nicht durch distanziertes und nur rein wirtschaftliches Denken und Handeln negativ gegenüber Frankreich in Position setzen. Zum jetzigen Zeitpunkt wäre dies auch im Hinblick auf die strategische Ausrichtung Deutschlands völlig falsch.

Warum jemanden erzürnen, wenn man diesen auf dem Weg im Schulterschluss noch brauchen kann. Dieser Fall mit Frankreich ist ein Paradebeispiel der Diplomatie. Seien Sie sicher, die deutsche Regierung und die Bundeskanzlerin wissen, was sie zu tun haben und wie damit umzugehen ist.

Gerade hier wird sich allerdings für die kommende Verschiebung und Veränderung der weltwirtschaftlichen Kreisläufe und der damit verbundenen Top-Wirtschaftsposition für Deutschland weltweit herausstellen, welchen Stellenwert diese Länder als echte Partner für Deutschland haben werden oder ob diese Staaten Deutschland, wenn es um den Ausstieg aus der EU gehen würde, boykottieren oder gar Sanktionen verhängen werden. Keine Sanktionen hinsichtlich dem Im- und Export, jedoch die bewusste Beschneidung und Abkühlung auf dem diplomatischen Parkett.

Im Hinblick auf die künftige weltwirtschaftliche Position und Akzeptanz Deutschlands wird gerade dieses Land aufgrund seiner Kompetenzen und den diplomatischen Verbindungen eine überaus wichtige Rolle weltweit zuteil, um in einer, im führenden Segment angesiedelten Position, eine Führungsrolle einzunehmen.

Hieraus abgeleitet werden auch die Verbindungen Frankreichs und Englands zu Deutschland sein. Wobei hier zunächst und ursächlich die Verbindung der Länder zu Deutschland, unter anderem davon abhängt, wie diese, die unter dem massiven Einfluss der USA stehen, in der UNO und in der Nato eine wesentliche Führungsrolle einnehmen können.

Im Segment der Terrorbekämpfung und der militärischen Präsenz sowie der Bereitschaft zur internationalen Konfrontation hat speziell England für die Zukunft noch mit ungeahnten Problemen und Angriffen aus der Zeit der konsequenten militärischen Unterstützung der USA zu rechnen. Die seinerzeitige Haltung im Irakkrieg von England ist im Nahen Osten und bei den entsprechenden terroristischen Gruppierungen nicht vergessen und wird somit zeitversetzt ihre Spätwirkungen haben. Hierdurch wird mit gezielten Angriffen terroristischer Gruppen in der Zukunft vermehrt zu rechnen sein.

England selbst ist seit Jahren in erhöhter Alarmbereitschaft und hat seine Städte systematisch mit tausenden von Kameras aufgerüstet und überwacht. Es ist für England ein Albtraum, diese Ungewissheit und die Angst, eventuell nicht auf terroristische Anschläge vorbereitet zu sein. Zudem auch unter dem Aspekt und Heranziehung der innenpolitischen Faktoren wie der nicht besonders festen inneren Stabilität in diesem Land.

2.1.3 Italien / Südtirol

Italien, der zweitgrößte Schuldner in der EU ist nach wie vor ein gespaltenes Land in Norden und Süden. Der reiche Norden (Südtirol) mit seinen Einnahmen aus Industrie und Touristik sowie den Agrarprodukten und mit gleich bleibenden bis wachsenden perspektivischen wirtschaftlichen Entwicklungen hat bereits seine Märkte über viele Jahre aufgebaut. Der Süden hingegen ist in allen Bereichen das krasse Gegenteil. Wirtschaftslage schlecht, Kriminalitätsrate hoch und fehlendes Entwicklungspotential. Dies ist nicht zuletzt auf die äußerst fragwürdige Führung unter dem bis November 2011 amtierenden Präsidenten Berlusconi zurückzuführen. Nach wie vor ist Italien auch in den Köpfen der Menschen ein getrenntes Land.

Der Norden, hier speziell die Provinz Südtirol, könnte sich ohne weiteres autonom entwickeln. Diese Region ist nach der Lombardei die zweitreichste Region in Italien. Südtirol benötigt Rom, die Regierung und das fragwürdige politische Verhalten aus Rom wahrlich nicht. Wer ist jedoch der Südtiroler. Historisch bedingt gibt es in Südtirol heute 3 Amtssprachen. Italienisch, Deutsch, Ladinisch. Wo und wem, ideologisch betrachtet, siedelt sich dieses Volk selbst bei Fragen seiner Zugehörigkeit und Haltung an? Ist dies für den Südtiroler Fluch oder Segen? Die Menschen im Land indes, haben durch die Vergangenheit gelernt, ja lernen müssen, sich dieser Trilogie anzupassen. Und Sie haben es zum Großteil. Man muss sich jedoch einmal fragen, wie sich die Südtiroler wehrpflichtigen Männer fühlen und was sie empfinden, wenn sie bei Ableistung ihrer italienischen Wehrpflicht vor der italienischen Flagge salutieren und einen Eid hierauf schwören müssen. Schon hieraus ist abzuleiten in welcher Zerrissenheit und Anpassungssituation sich diese Menschen befinden müssen.

Fast schon in einer aggressiven Haltung sind die Südtiroler zu erleben, wenn man sie auf den Rest Italiens und ihre Regierung anspricht. Eine unglaubliche Front ist hier vorhanden. Natürlich stellt sich den Südtirolern nun auch die naheliegende Frage, was kommt in der Zukunft auf uns noch zu, glaubt man den Sparplänen des neuen Präsidenten Monti, der in 2012 Einsparungen in Höhe von ca. 33 Mrd. € vornehmen möchte? Es ist unschwer für die Südtiroler abzuleiten, dass gerade sie die Hauptlast wieder zu tragen haben und die Steuern drakonisch erhöht werden.

Anders der Süden in Italien, Lethargie, hohe Verschuldung, etwas Industrie, hohe Arbeitslosigkeit und eine hohe Kriminalitätsrate. Nicht zu vergessen das organisierte Verbrechen, das sich in allen Bereichen und Branchen durchgesetzt hat und bei allem hinter den Kulissen mitredet und mitbestimmt. Dies gilt im Übrigen auch für die Politik.

Nun, die Regierung im Süden sieht mit großer Freude die wirtschaftliche Entwicklung des Nordens, da hierdurch die steuerlichen Geldflüsse nach Rom entsprechend hoch und äußerst attraktiv sind. Ein nicht versiegender, jährlich wiederkehrender Geldregen. Die Folge in der Realität hieraus ist jedoch, dass man speziell durch die italienischen Finanzbehörden im reichen Norden darauf schaut, dass ja kein Euro an der Steuer vorbei geht oder gehen könnte.

Zwanghafte Kontrollen allenthalben und drakonische Strafen, wenn man es nur versäumt, einen Kassenbeleg nicht an den Kunden auszuhändigen. Wird man dabei erwischt, zieht dies hohe Geldstrafen und mehr nach sich.

Extreme Kontrollen und Beschneidungen durch die Regierung in Rom sind mittlerweile eine sehr schwere Last für die fleißigen Südtiroler und für ihre Betriebe.

Schon in der Vergangenheit führte die römische Steuerpolitik dazu, dass durch die den Südtiroler Unternehmen aufgebürdete steuerliche Belastungen, ein Teil der Unternehmen in das benachbarte, steuerlich vorteilhaftere Österreich abgewandert sind. Der Vorteil hier liegt eindeutig im Steuerwettbewerb zwischen Italien und Österreich. Bleibt nun abzuwarten wie sich die Monti-Steuerpolitik künftig auswirken wird.

Natürlich, bei allem was die Südtiroler tun, wissen diese um den Neid und die Missgunst aus dem Süden. Allerdings auch um Ihre Vorteile. Wenn der Norden die Wahl hätte, er würde sich zu gerne noch heute von Italien lösen und sich anderweitig als Provinz andocken. Wo jedoch als Alternative, an Deutschland oder Österreich?

2.1.4 USA

Höher, weiter, schneller, dies gepaart mit der vermeintlichen Dominanz militärischer und geheimdienstlicher Weltbeherrschungs- und Steuerungsthesen, so oder in abgewandelter Form könnte dies auf den Fahnen der im Jahre 2011 präsenten und weltweit agierenden USA möglicherweise geschrieben stehen.

Auf den ersten Blick ein Land der unbegrenzten Möglichkeiten, in dem gerne die Story des Erfolges als treibende Energie in der Öffentlichkeit, innerhalb und außerhalb des Landes, zugrunde gelegt wird. Vom Tellerwäscher zum Millionär. Das gesamte aufpolierte Imageprofil von Freiheit und Erfolg ist jedoch näher zu betrachten. Bedauerlicherweise oder gerade deutlich ist festzustellen, dass bei näherer Betrachtung das vordergründig lancierte „höher, weiter, schneller" leider substanziell nicht Stand halten kann. Oft erwecken die USA den Eindruck eines überdimensionierten Spielplatzes, in dem und auf dem sich alles tummelt und jeder das tut, was ihm gefällt. Gleich den Filmen aus Hollywood.

Allerdings stellt man hierbei auch fest, dass dieses Land sämtliche Einfluss nehmenden Positionen immer wieder durch Kriege, Infiltrierungen, Unterwanderungen und Einmischungen erlangt hat. Oft mit vordergründigen Bestrebungen, die Freiheit und die Gerechtigkeit sowie die Welt zu schützen. Selbstlos im Motiv? Eine Frage, die sich jeder selbst stellen sollte.

Stellt sich darum grundlegend die Frage: Wer oder was sind die USA, wie verlässlich ist dieses Staatsgebilde und wer sind die Menschen darin, oder wie ist es um die Wirtschaft in diesem Land wirklich bestellt?

Ein recht junges Land, betrachtet man die Geschichte dieser multikulturellen Gesellschaft, die aus einer Ansammlung von 13 britischen Kolonien am 04.07.1776 mit Unterzeichnung der Unabhängigkeitserklärung hervorging.

Ein Einwanderungsland, welches auch heute noch im Grundsatz unter dem Motto „Live the American Dream" weltweit massive Zuläufe von multikulturellen Einwanderern hat. Doch auch diese Medaille hat wie immer zwei Seiten. Die eine Seite ist sicherlich die, dass dieser publizierte Freiheitsgedanke auch Räume schaffte, um in diesem Land innovativ und überaus kreativ den weltweiten Erfolg zu erreichen. Gleichwohl ist die andere Seite eben, dass man hierdurch eine überaus große Population und eine „Harakiri"-Lebenshaltung beobachten kann, die leider viel zu oft auch unter der Brücke endet.

Vielfach werden die Lebensläufe künstlich durch Kredite finanziert und aufrecht gehalten. Eine Spirale, die das wirtschaftliche Inferno im Jahr 2009 quer durch das Land deutlich machte. Riesige Kreditausfälle, Bankenpleiten und vieles mehr. Auf der anderen Seite die Spekulanten, die sich dies zunutze machten. Ist die Art und Weise dieses Vorgehens wirklich langfristig erfolgreich? Soziale

Kompetenz ist in diesem Land gänzlich ein Fremdwort. Hier zählt nur die Erfolgsstory. Trotzdem sind im Jahre 2011 die USA wirtschaftlich quasi bankrott.

Gleichwohl ist das Thema der Kriminalität nicht außer Acht zu lassen. Gerade die unbeachtete untere Schicht hat vielfach keine Auswege mehr, um das Überleben zu sichern. Keine Frage, dies ist keine Berechtigung für dieses Treiben. In den ländlichen Gebieten und mit der im Land vorherrschenden Polizeistruktur, auch kritischer formuliert, Polizeibrutalität, sind die Kriminalitätsraten gering. Allerdings sind in den Ballungsräumen der Großstädte sämtliche Fassetten oft brutalster Kriminalität zuhause. Ganze Stadtviertel verrohen und selbst die Polizei fährt bei einem abgesetzten Hilferuf nicht dort hinein, um zu helfen.

Viel zu groß ist die Sorge um die eigene Sicherheit. Langfristig ein nicht zu kalkulierender Herd von kriminellen Zellenbildungen, die ihre kriminellen Machenschaften und Arme sehr schnell über den zu Anfang kleinen territorialen Gebietsanspruch hinaus erweitern werden. Ein überaus großes Problem, welches die USA bis heute nicht in den Griff zu bekommen scheinen. Prostitution und Drogen sind hierbei vielfach die Grundlagen der Finanzierung und der Sicherung dieser kriminellen Strukturen.

Hiergegen stehen die Bilder eines jeden Touristen, der sich, wenn er sich während eines Urlaubes in einer der zahlreichen Großstädte befindet, mit der schönen und erfolgreichen Glimmerwelt konfrontiert sieht.

Wer hat noch nicht ein paar Tage in New York verbracht oder würde es gerne tun. Diese Stadt steht symbolisch für eben diesen amerikanischen Traum. Vom Helikopterrundflug über New York, dem Besuch in einem der vielen edlen Geschäfte, den Stores, den guten oder auch weniger guten Restaurants und Clubs, dem Broadway oder der Metropolitan Opera über den Besuch der vielen Museen oder des Empire State Buildings bis hin zur Pier 42 und vieles mehr. Eine Ansammlung von Möglichkeiten, die hier in Reinkultur pulsieren.

Wenn man sich allerdings mit den hier arbeitenden und lebenden normalen Menschen unterhält, sind der gesamte Glimmer und die Show wie weggeblasen. Um z. B. in New York leben zu können, müssen die Menschen alle Jobs annehmen, die sie rund um die Uhr bekommen können. Sicher nicht einfach, denn hier leben viele Glücksritter, die gerade hier in dieser und durch diese Stadt ihrem Traum vom Erfolg nacheifern. Getreu dem bekannten Motto: „Schaffst du es in New York, dann schaffst du es überall auf der Welt."

Sicher ein Antrieb, der im Grundsatz nicht unehrenwert ist. Zumal gerade hier dahinter ein unglaublicher, persönlicher Einsatz der Menschen bis weit über ihre Grenzen hinaus steht und eingebracht wird, jedoch oft auch über die Grenzen des ethischen Geschmackes der Vorstellung in Europa hinaus.

Die fehlende, staatliche, soziale Infrastruktur indes zeigt auf der anderen Seite eine enorme Hilfsbereitschaft auf privater Ebene. Familien, die in Not geraten sind, Kinder, deren Eltern nicht für die Kinder da sind oder sein können, werden durch private Initiativen von der Straße geholt und in familiäre Strukturen und Abläufe eingebunden. Man tut dies mit dem Bewusstsein, darum zu wissen, was es bedeutet. alleine und ohne Hilfe zu sein.

So sind auch zahlreiche, oft nicht populistisch vermarktete, private, erfolgreiche Personen die Mentoren und Finanziers der privaten Initiativen. Man muss es gesehen und erlebt haben, mit welcher unerwarteten Güte man sich gegenseitig zur Seite steht. Hier z. B. ist Harlem, ein Stadtteil von New York, sicher ein positiv zu erwähnender Ort eines anderen, sehr hilfsbereiten, humanistischen und gläubigen Amerikas.

Natürlich darf in dem Zusammenhang und auch als Einstieg nicht unerwähnt bleiben, dass die Army oftmals als letzte Überlebenschance und Familienersatz von vielen, die sich rekrutieren lassen, angesehen wird. Hierdurch herrscht ein reger Zulauf in die amerikanische Army oder Navy. Der amerikanische Staat vermarktet gerade diese Attribute des Zusammenhalts, des Militärs als Familie, vehement. Natürlich auch hierbei nicht uneigennützig.

Hieraus bilden sich durch die „Rettung" des Menschen, der keine Sicherung und Absicherung auf der Straße im täglichen Leben erfährt und somit auch Potenziale zur kriminellen Energie früher oder später umsetzt, Synergien, die sich der Staat über die Army wieder zunutze macht. Ein Auffangbecken nicht nur von Bürgern, in ihrer Haltung als Patrioten, sondern vielmehr von im Leben stehenden, nicht überlebensfähigen Menschen in diesem System. Live the American Dream.

Gerade die freie und im Segment der Militarisierung vermarktete Haltung der USA wird anhand des Beispieles eines Rekrutierungsoffices für die Army direkt auf dem Time Square in New York sichtbar. Inmitten der propagandistisch inszenierten Glimmerwelt mit den überdimensionierten Werbetafeln steht es auf dem Mittelstreifen am Broadway.

Dies führt nun geradewegs zum Thema des Militarismus und der weltweit geballt eingesetzten und umgesetzten Präsenz seitens der USA in der Rolle einer Weltpolizei. Welch eine dramatische Rolle und Rollenformulierung! Doch gerade hierin spiegelt sich zum Teil auch die tragisch sichtbare Überschätzung der USA in dieser Rolle. Keineswegs will die Welt die USA als Weltpolizei haben. Viel zu oft und mit viel zu massivem Getöse hat dieser Staat mit seiner Militärmacht und Präsenz in der Geschichte bewiesen, dass sich selbst der Staat die Frage nach tatsächlichem Erfolg, Verlusten und Kosten stellen musste. War es das wert und hat es etwas bewirkt? So nachhaltig, dass außer den vielen Toten und den Kosten hierbei wertvolle Rohstoffe und Verbindungen annektiert werden konnten.

Gleiches gilt auch für die Frage der weltweit fälschlicherweise, aber vehement und bewusst falsch gesteuerten und publizierten Haltungen gegenüber dem Islam und diesen gesamtheitlich als Gegner zu titulieren, was völliger Unsinn ist. Auch zum Thema der Schutzfunktion von Amerika hinsichtlich des Staates Israel. Denn was immer dieser Staat Israel tut, er hat Rückendeckung von den USA. Fragen Sie sich denn nicht, warum? Stellen Sie sich die Frage nach den Geldkreisläufen und der Macht des Geldes, welche auch nicht vor dem Weißen Haus Halt machen.

Ist das Treiben der USA denn wirklich ehrenwert und basiert dies weltweit auf der Grundlage des Strebens nach Wohlstand, Einigkeit und Frieden? Gerne würde man daran glauben. Allerdings stehen hier handfeste, territoriale, macht- und positionsstrategische Motive im Vordergrund. Hier vor allem, um die Herrschaft über die Ressourcen, im speziellen Öl, zu erhalten und seine Einnahmen, Positionen und die Autonomie zu sichern.

Ein mittlerweile jährlich angewachsener Gesamthaushalt der USA von ca. 2000 Mrd. Dollar Kosten ist selbst für die größte Volkswirtschaft der Welt sehr schwer zu finanzieren. In diesen Kosten sind allein die hohen Kosten für die Rüstung in Höhe von ca. 636,3 Mrd. Dollar (Beschluss 19.12.2009) und evtl. 30 Mrd. Dollar über die Einnahmenseite zu finanzieren. Bereits im Haushalt 2007 klaffte ein Gesamtdefizit in Höhe von ca. 710 Mrd. Dollar.

Eine außerordentlich schlechte Situation und Grundlage für die Zukunft unter der Zugrundelegung der internen und externen künftigen marktwirtschaftlichen Umfelddaten. Zudem werden im Jahre 2010 bereits die Karten und Positionen der Weltwirtschaft und der Ressourcen rund um den Globus neu verteilt. Hier gilt mittlerweile China als größter Angstgegner für die USA.

Durch strategisch seit Jahren vorbereitete und mit sehr großen Summen finanzierte Investitionen in der ganzen Welt ist China mittlerweile nicht nur auf einem überaus schnellen Weg, die in 2010 erlangte Position des Exportweltmeisters weltweit zu sichern, sondern verfügt über eine immense Liquidität in Dollar, die diese Wirtschaftsmacht in den letzten Jahren strategisch weltweit in die Basisrohstoffe oder deren verarbeitende Produktion investiert hat.

Hieraus erwächst, auf die Zukunft gesehen, eine nicht mehr zu bremsende Wirtschaftsmacht, die im Verdrängungswettbewerb sich gerade auf die USA und deren Exporte und die zu erwartenden Einnahmen hieraus auswirken wird. Ein Desaster für die USA zum einen, und zum anderen ist diese Nation über ihre Währung und den Kurs des Dollars wirtschaftlich gefährlich einfach über die Einnahmen und Kosten in Im- und Export steuer- und erpressbar. Dies sind denkbar schlechte Umfelddaten für eine weltweit führende Nation, die darauf ausgelegt ist, ständig über verfügbare Liquidität zur Finanzierung der Rüstung und zur dringenden Stützung ihrer Wirtschaft zu verfügen.

Die größte Volkswirtschaft der Welt hat ein massives Handelsdefizit, das heißt, sie importiert (Einfuhr) deutlich mehr, als sie exportiert (Ausfuhr). Die Folge: der gesamte Haushalt in den USA droht zu kippen und ist nicht mehr ausfinanziert, mit allen daraus resultierenden Folgen für das Land selbst.

Als bestes Beispiel hierbei dient die in 2010 seitens der USA an China herangetragene Bitte, nun endlich seine Währung aufzuwerten, damit der Dollar und damit die Attraktivität der Produkte aus den USA, über den Export zulegen können. Der Stand des Yuan (China) im Oktober 2010 ist der höchste seit Beginn der Wechselkursreform vor fünf Jahren. Seit Mitte Juni 2010 hat der Yuan nun um mehr als zwei Prozent gegenüber dem US-Dollar zugelegt. Den Amerikanern dürfte diese Mini-Aufwertung allerdings kaum reichen. China weiß sehr wohl um seine Position und die anzuwendende Strategie, die Karten einzig zum Wohl des eigenen Landes gewinnbringend und wirtschaftlich für die Zukunft auszuspielen. Ob hier ein Eingreifen des IWF oder das von der USA angedachte Verhängen von Sanktionen und Strafzöllen ausreichend sein wird, ist sicherlich unklar und ein nicht zu kalkulierendes Risiko.

Gerade durch diese bereits deutlich sichtbaren Verschiebungen der bisherigen Wirtschaftsordnungen zeigt sich, wie fragil auch und gerade die größte Volkswirtschaft der Welt und das Leben innerhalb der USA auf tönernen Beinen stehen. Jedoch befindet sich hier die Achillesferse der USA, ihrer Rahmen- und Basisdaten, ihrer Position als Finanz- und als Militärmacht, welche bisher den Status quo der USA und deren Gebilde aufrechterhalten hat. Dadurch natürlich auch steuer- und erpressbar ist. Zudem sind dies wichtige Indikatoren, mit welchen die wirtschaftliche Gefährlichkeit und dies nicht nur für die USA über den Dollar, deren Referenzkurse und Konjunktur als Indikatoren weltweit in der Wirtschaft zugrunde gelegt werden. Damit können sich weltweit die Entwicklungen und die Wirtschaftspositionen sehr schnell und global sehr negativ verändern.

Durch die Verzahnung mit der gesamten Welt und ihrer Abhängigkeiten wird China in der Zukunft seine Ziele massiv weiter verfolgen und speziell bei und über die USA und über die Währung des Dollars wirtschaftsstrategisch mit seiner gezielten ergebnisgenerierenden Ausrichtung und hierdurch mit einer steuernden Einflussnahme vorgehen. Man kann nur hoffen, dass mit vehementem Eingreifen und der entsprechenden instrumentalen, wirtschaftlichen Gegenwehr und den zur Verfügung stehenden Möglichkeiten, mit einem erfolgreichen, langfristigen Vorgehen auch seitens der Weltwirtschaftsorganisationen richtig gehandelt werden wird. Die Währungshüter und Organisationen weltweit sind hier gefragt. Mögen sie nicht versagen.

Eine weitere Auswirkung wird sein und ist bereits vorhanden, dass die USA für die Rüstung und somit für ihre Position und Rolle als militärpräsentes Land keine hierfür benötigten Geldmittel mehr zur Verfügung haben und haben werden. Eine bedenkliche Situation zunächst für die USA und mit massiven Auswirkungen auf die gesamten weltweiten Sicherungs- und Wirtschaftskreisläufe in ihrer künftigen Veränderung und den zu erwartenden Ergebnissen.

Bleibt abzuwarten, ob die USA ihre Positionierung am Finanz- und Wirtschaftsmarkt weltweit aufrechterhalten können und dadurch auch die Liquidität zur Finanzierung der weltweiten militärischen Aktionen zur Verfügung haben werden. Sollte dies den USA jedoch nicht gelingen, über eine Basis der soliden Haushalts- und Staatsfinanzierung, werden die USA nicht wie in 2011 noch schleichend, sondern in der Zukunft finanziell ein Entwicklungsland werden. Die kolossalen Auswirkungen auf Europa und in die gesamte Welt wären, sofern diese sich nicht darauf eingestellt haben und entsprechende Allianzen als Gegengewicht etabliert haben, katastrophal.

Eine Katastrophe derart, dass heute in China immer noch ein zentralisiertes und ein zudem aggressives, diktatorisches Regime, welches keineswegs westlich und an westlichen Normen orientiert ist, die Steuerungs- und Führungsfunktion weltweit zu übernehmen trachtet, vorhanden ist. Sichtbar an den Grundhaltungen in deren eigenem Land, welche auch im Jahre 2011 immer noch vorhanden und deutlicher nicht sein können.

Betrachtet man die Verschiebung und die Positionierung der künftigen wirtschaftlichen Großmächte, deren Verknüpfungen und in 2011 bestehenden Allianzen und Bündnisse weltweit, so lauern natürlich für die USA nicht nur aus dieser Richtung sehr unangenehme Einflüsse, ins Abseits zu geraten.

Ein weiteres Land, welches bereits auf dem Weg ist, ist die Russische Föderation, die sich mit ihren Allianzen und dem technischen Know-how keineswegs in der wirtschaftlichen Weltordnung verstecken muss. Die Verbindungen und Möglichkeiten dieser Länder werden in der Zukunft massiv zunehmen. Zudem sind bereits strategische Allianzen von Kooperationen weltweit vorbereitet. Vielfach in Gebieten, welche bisher für die westliche Welt uninteressant erschienen. Jedoch gerade hier liegen enorme und bisher nicht erahnte künftige wirtschaftliche Potentiale.
In dieser Ausrichtung der Sicherung von Ressourcen sind China und die Russische Föderation an allen markanten Plätzen präsent. Zudem besteht aus der Vergangenheit

zwischen diesen beiden Staaten ein Bündnis der Kooperation.

Man muss allerdings nicht davon ausgehen, dass die beiden Staaten in harmonischer Koexistenz sich die künftigen Märkte aufteilen werden. Es ist jedoch davon auszugehen, dass hier zwei unabhängige Blöcke entstehen werden.

Zudem darf in diesem Zusammenhang sicherlich nicht die in den letzten Jahren und Jahrzehnten seitens der USA betriebene, einseitige ressourcenbezogene Nahost-Politik von einer Betrachtung außen vor gelassen werden.

Gerade die versuchte, steuernde und kontrollierte Einflussnahme in diesen Gebieten, gepaart mit der vehementen Antihaltung und Globalisierung gegen den Islam, und das über Israel gespannte Schutzschild, bergen für die USA in der Zukunft noch sehr viele, nicht zu kalkulierende Risikopotenziale.

Natürlich muss man hierzu die Zahlen der jüdischen Migranten in Amerika und die Geldkreisläufe genauer betrachten, um manche Motive der USA zu erkennen. Cirka 43,45 % (ca. 5,7 Mio.) aller Juden leben in den Vereinigten Staaten, ein Bevölkerungsanteil von ca. 1,9 %. Zum Vergleich: In Israel leben ca. 38,41 % oder 5,02 Mio. Juden. Man weiß um die brillante Geschäftstüchtigkeit und den Einfluss der jüdischen Gruppierungen. Die weltweite Steuerung der Geldkreisläufe, so sagt man, werde seitens vorstehender Gruppierungen von New York aus kontrolliert und endet auch nicht vor dem Weißen Haus.

Als weiterer, nicht zu unterschätzender Umstand, sind die Handlungen und die Einflussnahme der USA in der Neuzeit im Gebiet des Irak. Zudem der damaligen Vorgehensweise in der Thematik Saddam Hussein und unter der Zugrundelegung der heute noch aktiven millionenfachen Anhänger in der islamischen Welt. Ein markantes und für die USA nicht greifbares Gefahrenmoment der inneren Sicherheit, welches jederzeit wieder aufflammen oder in Form von terroristischen Aktivitäten Raum greifen kann und die USA somit in eine ständige Verteidigungshaltung und Aufmerksamkeit versetzt. Der Nahe Osten hegt das Bestreben, die „Amerikaner" nicht mehr in seinen Ländern haben zu wollen.

Die seit langem bestehenden guten Verbindungen in den Nahen Osten bestehen hierbei weiterhin jedoch zu Saudi Arabien und speziell zu Kurdistan (Nordirak).

Gleichwohl ist der Einfluss der USA im Norden des Irak, in Kurdistan, unumstritten vorhanden. Mit sehr großen finanziellen Mitteln zur Gründung und jährlich mit mehreren Mrd. Dollar ist die USA der Ziehvater und Mentor von Kurdistan. Kurdistan gilt und wird gerne als Vorzeigeland im arabischen Raum unter der Hilfe von und mit den USA herangezogen.

Allerdings ist auch diese Verbindung, aufgrund der Historie der Kurden im Zusammenleben mit den Arabern, ein Pulverfass. Gerade an den strittigen Grenzen im Süden von Kurdistan, bei Mosul und bei Kirkuk, vermutet man in letztgenanntem Gebiet sehr große Erdölvorkommen. Der Irak seinerseits ist allerdings nicht daran interessiert, Kurdistan diese Regionen in Folge einer Gebietserweiterung zu überlassen. Ein Pulverfass zum einen im Zwist zwischen den Kurden und den Arabern, sowie zum anderen im Herrschaftsanspruch um die Besitzrechte der Ölvorkommen. Es ist davon auszugehen, dass in dieser Region keine Ruhe auf der vorliegenden Basis eintreten wird und zudem hierbei ein faktischer Ansatz- und Auslösemoment eines jähen, auch als Glaubenskrieg deklarierten, Eskalationsherdes schlummert.

Bleibt allerdings abzuwarten, wie Amerika sich in der Zukunft aufstellt und im speziellen über seine Dienste und mit seiner Militärmacht agiert und strategisch vorgehen wird.

2.1.5 China

Das Reich der Mitte mit einer über 5000 Jahre alten Kultur. Geheimnisvoll und faszinierend ist dieses Land sicherlich allemal eine Reise wert. Hier sind die Jahrtausende alte Kultur und deren Relikte auf Schritt und Tritt zu sehen und zu erleben. Diese Kultur ist gerade für die sich neuzeitlich kulturell und geistig in den asiatischen Raum öffnende westliche Kultur faszinierender denn je. Schaut sich ein reisender Tourist die kulturellen Zentren in Peking, die Chinesische Mauer, die Grabungsstätten der tönernen Armee, den Kaiserpalast oder vieles mehr an, werden hierdurch kulturell das Erbe der Chinesen, zugleich aber die Unterschiedlichkeit zu allen westlichen Kulturen, sichtbar. Zudem gleicht China für einen in der heutigen Zeit reisenden westlichen Touristen einem Abenteuerspielplatz, der als Reisender nicht im Ansatz sieht oder es ahnt, dass er sich in einem Land bewegt, das diktatorisch geführt und gesteuert wird, und was sich hinter den Kulissen wirklich abspielt.

Noch vor Jahren, als China touristisch für den durchschnittlichen westlichen Touristen noch nicht interessant und erschwinglich war, war gerade hier die Zeit, das Land und die Menschen, das System und die Unterschiede wirklich noch deutlicher zu sehen. Meist beschränkten sich die wenigen westlichen Touristen auf Hong Kong als damalige noch englische Kolonie. Reiste man allerdings von dieser Handelsmetropole nach China ein, so musste man sich völlig und mit allem, was man bis dahin kannte, umstellen.

Schon bei der Ankunft z. B. in der Nacht in China auf einem kleinen Flughafen, schummriges Licht und Armeepersonal mit braunen Uniformen und unter voller Bewaffnung. Die Prozedere der Einreise und der Überprüfungen waren dann entsprechend.

Vor bereits 20 Jahren war der Beginn des Weges in die Moderne zum Teil schon mit sehr guten Hotels weltweit operierender Hotelketten besetzt. In Shanghai und überall im Land ist ein westlicher Tourist noch aufgefallen und musste zu seiner ständigen Reisebegleitung durch das Land in jedem Kanton oder Bezirk nochmals von einem staatlichen Reiseleiter/Aufpasser begleitet, oder sollte man sagen beobachtet, werden. Meist Menschen, die zwar in offizieller Mission alles beobachtet haben, eben auf der anderen Seite nur Menschen, die selbst darauf angewiesen waren, dass ihnen die Touristen etwas zusteckten. Auf der anderen Seite konnte man es erleben, dass beim Kauf eines Gegenstandes durch die Touristen, den sie nicht zum regulären Preis kaufen wollten und verhandelten, sie sehr wüst als Kapitalisten oder als einer, der die Armen ausbeutet, beschimpft wurden.

Sich frei zu bewegen war damals nicht möglich. Es konnte passieren, dass man, sollte man es gewagt haben, autonom und mutig selbstständig loszuziehen, durch einen Schatten (Staatssicherheit) verfolgt wurde, der einen beobachtete oder sollte man gar positiv formuliert vermuten, zum Schutz des westlichen Touristen da war.

Auf der anderen Seite das China mit seiner Landwirtschaft. Meist gleich einer Kolchose, nicht mit modernen Maschinen betrieben, sondern sehr ärmlich und beschwerlich mit der Hand und Arbeitskraft der landwirtschaftlichen Helfer und den bäuerlichen Vorstehern der Betriebe in Knochenarbeit betrieben. Sämtliche Betriebe waren und sind heute zum Großteil immer noch im Eigentum des Staates. Erst neuzeitlich lässt man eine, vorsichtig formuliert, freie Marktwirtschaft und Unternehmertum zu.

Dies allerdings entbehrt nicht der staatlichen Kontrolle und Einflussnahme oder gar dem Irrglauben zu unterliegen, dass in der Agrarentwicklung im China des 21. Jahrhunderts modernste Techniken im Agrarwesen vorzufinden seien.

Mit der Übernahme und Kontrolle von Hong Kong seitens der Volksrepublik China im Juli 1997 (England übergab die Rechte an China) eröffnete dies der Volksrepublik, durch ein völlig modernes und intaktes weltweit operierendes Handelszentrum der Moderne die einmalige Chance, dies als Beginn für die Zukunft des gesamten China und somit der Anknüpfung an die westliche Wirtschaft und Welt anzusehen und zu nutzen.

Bedauerlicherweise ist jedoch dieses auf dem Weg befindliche neuzeitliche China eine unter einer diktatorischen, auf kommunistischen Ideologien operierende Staatsmacht. Die Menschenmassen arbeiten wie fleißige Bienen im Gebilde ohne freie und eigene Meinung. Sollte jedoch versucht werden, aus diesen stringenten Mustern und Kontrollen auszubrechen oder sollte man sich frei äußern, erfolgen umgehend Repressalien und der Aufenthalt im Gefängnis.

Diese staatliche Haltung und Führung führt auf der anderen Seite im Land dazu, Billigstprodukte für die ganze Welt zu fertigen, die aufgrund niedrigster oder keiner entsprechenden Entlohnungskosten oder sozialen Absicherung des einzelnen Arbeiters durch die Massen gefertigt und in den Export gehen.

Das bevölkerungsreichste Land der Erde schickt sich nun an, die gesamten wirtschaftlichen Strukturen und bisherige wirtschaftliche Weltordnung mit Plan und Ziel und einer zentralistischen, altkommunistischen Führung aus Peking heraus auf den Kopf zu stellen, neu zu formieren und an sich zu binden.

Seit vielen Jahren, mit einer scheinbaren Gemächlichkeit, hat China sich in der Vergangenheit geschickt das weltweit beste Know-how und Wissen der westlichen Welt zunutze gemacht und sich heute auf immens breiter Front an den Märkten mit Kopien und Dumpingpreisen und dem Einkauf von ganzen Märkten im Bereich von künftigen Grundressourcen durchgesetzt.

Im Laufe der vielen Jahre wurde so aus China in 2010 nicht nur der neu gekürte Exportweltmeister, sondern China verfügt zudem über unglaubliche liquide Mittel, die eine stringente wirtschaftliche und positionelle Veränderung an den Märkten in der Zukunft herbeiführen wird. Zudem hat dieses Land in den letzten Jahren sehr geschickt weltweit in Bodenschätze und für die weltweit in der Industrie und die Versorgung notwendigen Grundressourcen in einer sehr großen Breite investiert.

Wie ist nun die innere und äußere Ausrichtung und Mentalität von China? Wie hat es dieses Land, in dieser Geschwindigkeit und in dieser Breite geschafft, den weltweit wirtschaftlichen Einfluss und diesen Stellenwert zu bekommen?

Auch stellt sich hieraus abgeleitet natürlich die wohl wichtigste Frage, wohin will China und mit welchem Plan operiert dieses Land wirklich? Wie gefährlich ist dieses Land in Echtzeit, schaut man hinter die Fassade der kokettierenden, vordergründigen, zurücknehmenden und lächelnden Wesensart der Menschen und sind diese Entwicklungen und hierdurch erlangten Einfluss nehmenden Steuerungsmechanismen durch China noch in den Griff zu bekommen? Kann der weltweite Bedarf von Gütern, die China als ein sich rasend schnell entwickelndes Land benötigt, gedeckt werden, um diese Menschenmassen zu ernähren? Wie wirkt sich dies nachhaltig auf die zur Verfügung stehenden Ressourcen auf dem gesamten Globus aus?

Sicher sind dies die mit Abstand wichtigsten Fragen, die es in diesem Zusammenhang zu stellen gilt. Faktisch allerdings bedeutet dies auf Basis dessen, was in der Welt an Ressourcen oder Grundlagen vorhanden ist, dass weltweit eine besorgniserregende, heute schon bekannte, langfristig nicht lösbare Problematik vorhanden ist.

Es ist nicht die Frage nach dem Erfolg dieses Landes, sondern dass dieses Land, die Menschen und deren Führung und deren Mentalität keineswegs an einer Angleichung oder Anpassung an die westlichen Normen interessiert sind oder sein werden. China ist und wird kommunistisch und sehr konservativ geführt und wird mit einem hohen Maß an Aggressionspotential und mit Vehemenz die bisherige, kommunistische Grundhaltung beibehalten. Die Regierung in Peking, oder sollte man sagen der Kader ist der Mittelpunkt jeglichen Weges oder der Art der Durchführung aller im Land und in der Welt sichtbaren Handlungen. Die für die westliche Welt inszenierte Weltoffenheit und Kooperationen sind lediglich darstellende Momente, um die eigenen Ziele von Herrschaft möglichst rasch und umfassend umzusetzen.

Zentralistische, kontrollierte und unter Gehorsam geführte Grundlagen passen so gar nicht in das 21. Jahrhundert der westlichen Welt. Hegt man dennoch die Hoffnung auf eine Annäherung und Öffnung in China, so wird dies nicht sehr wahrscheinlich sein. In der Historie von China bis zum heutigen Tage hat der Mensch im Lande kaum einen Stand oder sollte man besser sagen, Wert. Die Menschen haben zu funktionieren, um somit das Klassenziel zu erreichen.

Heute sichtbare, im Ausland reisende chinesischen Touristen oder die in der westlichen Welt und an den Universitäten Studierenden täuschen über die Realität hinweg. Sicherlich ist die heutige junge Generation durch den Geschmack der Freiheit, vom Luxus der westlichen Welt angetan und offen, allerdings sind die Wurzeln tief verankert und ein Abschütteln und eine Angleichung im Geiste an den Westen ist sicherlich im besten Fall in den nächsten zwei bis drei Generationen, wenn überhaupt, zu erwarten. Hierzu müsste sich zudem die Führung im dem Land China selbst öffnen und die Grundlagen von einem notwendigen, zu erwartenden Humanismus grundlegend und schnell positiv schaffen. Dies würde aber bedeuten, die Jahrhunderte alte Tradition und das diktatorische Führungssystem über Bord zu werfen, um auf einen demokratischen Weg zu gelangen.

Die Führung müsste den Menschen Freiheit, auch Meinungsfreiheit und Freiräume geben. Keinerlei Zensur und militärischer Einsatz gegen die eigenen Menschen im Land. Keine Unterdrückung. Die heute noch vorhandenen Lager müssten abgeschafft werden. Die durch falsche Äußerungen oder durch freie Gedanken in Ungnade gefallenen inhaftierten Menschen müssten freigelassen werden.

Man fragt sich folglich zu Recht, wie wahrscheinlich dies alles ist oder sein kann. Wie wahrscheinlich wird ein immer noch kommunistisch restriktiv und diktatorisch geführtes Land sich in eine Demokratie verwandeln, zumal dieses Land bereits weltweit die bestimmenden Schlüssel in der Hand hält und besitzt?

Sicher, in der Geschichte der Welt gab es bereits häufig eine Änderung im Rechtssystem durch Umsturz oder durch Massenbewegungen in der Bevölkerung. Eben hier würde jedoch nur eine Hoffnung, allerdings keine Wahrscheinlichkeit für ein Land wie China und dessen Struktur abgleitet werden können.

China ist keineswegs ein klassisches modernes Land. Die großen Investitionen im Land selbst und die vordergründigen Anhebungen der Standards sind eine optische Fassade des Chinas der Neuzeit mit der klaren Zielsetzung, die freie Weltmarktwirtschaft zu nutzen, um langfristig kontrolliert agieren zu können und um so weltweit steuernd Einfluss zu nehmen. Betrachtet man nicht nur die Städte und deren optische Entwicklung, sondern das gesamte Land, so ist das hierbei sichtbare China nach wie vor sehr rückständig, ländlich und ärmlich. Die Landwirtschaft ist nach wie vor aber ein wichtiger Faktor hinsichtlich der künftigen Ernährung der Massen von Menschen.

Allerdings ist zu beobachten, dass die Regierung keine Anstalten macht, diesen Bereich auszubauen oder anzuheben. Im Hinblick auf die Grundlagenernährungsprodukte für die Menschen im Land wäre dies sicher überaus notwendig. Allerdings kann man diese notwendigen Ressourcen auch weltweit aufkaufen und für den eigenen Bedarf abziehen.

Gerade eben im Bereich der notwendigen Ressourcen und Grundnahrungsmittel, ist im Fortgang der Bevölkerungsentwicklung und mit dem Anwachsen der Standards ein immenser Bedarf notwendig, der auch täglich gedeckt werden muss. Schon bei der Betrachtung der Zahl von ca. 1,4 Mrd. Einwohnern, deren künftigem zahlenmäßigen Wachstum und dem täglichen Bedarf ist unschwer abzuleiten, dass diese bisher sehr ärmlich und mit sehr wenigen täglich zur Verfügung stehenden Grundnahrungsmitteln, bei einer Entwicklung ins 21. Jahrhundert Unmengen an Rohstoffen wie Öl, Weizen, Reis, Mineralien und vieles mehr benötigt werden wird. Im Kontext der bisherigen, weltweit vorhandenen Ressourcen und deren Verteilung und Nutzung für den Bedarf ist hierbei bereits für die Zukunft weltweit ein Kampf um die Ressourcen und Grundlagen für jedes einzelne Land auf der Welt in Gang gesetzt worden. Sicherlich ein Szenario, welches erst in den nächsten Jahren auch in der Breite der Öffentlichkeit sichtbar sein wird.

Der im Jahre 2011 in vollem Gange befindliche Wirtschaftskreislauf unter Einbeziehung von China als neuem Markt hat zunächst vordergründig für den Rest der Welt nur Vorteile. Neue Absatzmärkte und Umsätze, Exportvolumenanhebung und der Hoffnung der westlichen Welt, dieses noch für viele Jahre in Anspruch zu nehmen. Kein Unternehmer und kein Unternehmen wird sich diesen sich öffnenden Markt entgehen lassen wollen. Jeder möchte von Anfang an sich ein großes Stück sichern, und hier allen voran die weltweit größten westlichen Konzerne.

Der Boom und der Run auf China sind in vollem Gange. Keine Frage, für die einzelnen Länder der so genannten Industrienationen im Westen handelt es sich hierbei um die Erhöhung der Exportumsätze, die Schaffung von neuen Arbeitsplätzen im Land. Durch den neuen chinesischen Markt sind zunächst volkswirtschaftlich dieses Vorgehen und die damit verbundene Hoffnung nicht negativ zu bewerten. Dieser neue Markt gleicht somit auch die vielfach in den westlichen Ländern vorhandenen maroden und defizitären Zahlen, die vielfach nicht mehr trag- und finanzierbaren wirtschaftlichen Grundlagen und Systeme in den festgefahrenen und übersättigten Märkten aus. Ja, wäre da nicht gleichzeitig eine der größten Gefahren für das 21. Jahrhundert und somit für die Gesamtheit von Handel und Wirtschaft weltweit.

Allerdings wird unter der Zugrundelegung der heute schon vorliegenden Analysen dieser Run bereits in der nahen Zukunft ein jähes Ende finden. Vollständig kontrolliert und abhängig von der zentralistischen chinesischen Regierung.

Der hierbei bestehende kausale Zusammenhang zwischen dem im Jahre 2011 hochgehaltenen Hype des Aufschwungs in der westlichen Welt durch den chinesischen Markt, finanziert wiederum China die künftige und dann nicht mehr zu eliminierende Position einer Globalmacht, wie sich dies die westliche Welt sicher niemals gewünscht hätte. Die Einnahmen und die abhängigen geschäftlichen und wirtschaftlichen Verbindungen in die einzelnen Länder der westlichen Welt, gepaart mit einem nicht zu kontrollierenden, kommunistisch-diktatorischen Machtstaat, bringen China in die Position, dass dieses Land die in 2011 noch westlichen führenden Exportländer, freundlichst hochgehaltenen und titulierten Handelspartner, buchstäblich am Haken der Abhängigkeiten und damit Kontrolle sowie in einer künftigen erpressbaren Rollenverteilung haben wird.

Die westlichen Investitionen in dieses sogenannte Billiglohnland, die Produktionen und von westlichen Firmen eigens gebauten Produktionsstätten in China sind keineswegs gesichert. Es sei hierbei erlaubt zu fragen, ob die Investitionen westlicher Nationen auf dem Gebiet von China tatsächlich zu kontrollieren oder im Besitzstand gesichert sind. Sicher nicht.

Was machen denn die westlichen Investoren, die China zur Blüte verholfen haben, wenn dieses Land mit seiner staatlichen diktatorischen Macht und der entsprechenden weltweiten Position plötzlich den Kurs ändert, verstaatlicht und massive Kontrolle weltweit über Währungsdruck oder Preisdiktat aufbaut?

Man glaubt, dies sei nicht möglich, der Westen habe dies im Auge und unter Kontrolle. Bedauerlicherweise nicht, da in 2011 die Zahlen und der Druck in den einzelnen Ländern, ihren eigenen Standard aufrecht zu erhalten und ein Muss Wachstum zu generieren, kurzsichtig gesehen vom Westen diese Entwicklungen und Abhängigkeiten in Kauf genommen werden. Gleichzeitig ist man immer noch über die Zusammenschlüsse der westlichen Welt im Glauben, auf China Einfluss nehmen zu können. Allein der IWF als Steuerungsorganisation für Währungsfragen, auf dessen Steuerungsaufgabe und Einflussnahme sich die westliche Welt verlässt, beißt sich bereits heute schon die Zähne im geldwerten Währungsspiel mit China aus. China scheut sich zudem nicht, künstlich seine Währung zu niedrig gegenüber den wichtigsten Handelspartnern, wie den USA zu bewerten, damit China selbst seine Waren und auch die in den Seilen hängenden USA mit den dringend notwendigen Einnahmen aus dem Export an der langen Leine führen und kontrollieren kann.

Weiterhin und in der Öffentlichkeit kaum sichtbar investiert China seit Jahren und immer verstärkter in Grundressourcen, die zur Herstellung der weltweit notwendigen Güter und Produkte notwendig ist. Gleichzeit hat sich China bereits mit enormen finanziellen Mitteln in Länder wie Afrika und Südamerika u. v. m. eingekauft und sich zudem die Zugriffs- und Nutzungsrechte gesichert. Wenn man nun noch die Rohstoffvorkommen und die Art der Rohstoffe dieser Länder anschaut, ein wirtschaftlich und langfristig sehr cleverer Schachzug. Sicherung von Rohstoffvorkommen auf der einen Seite und auf der anderen Seite bereits im Handelskrieg mit den USA, der bisher größten Volkswirtschaft, die nachhaltig auf wackligen wirtschaftlichen und defizitären Füßen steht. Gleichzeit ist die USA aber auch über die Geldkreisläufe und den Dollar der Motor der bisherigen funktionierenden Weltwirtschaft.

Man wird genau hinschauen müssen und sich im Klaren darüber sein, ob und wie lange unter Zugrundelegung der täglich weltweit sichtbaren und von einer sehr gezielten und aggressiven Vorgehensweise geprägten Wirtschaftspolitik und Strategie seitens China, man bereit sein wird, dieses überaus große Risiko in Kauf zu nehmen.

Oder ob es gelingt, eine von den westlichen Nationen unter Zugrundelegung von Codex und vorhandenen Wirtschaftsgrundlagen, die bisherigen langfristig gesicherten Handelsbeziehungen mit China auf klare, kontrollierbare und integrierte Grundlagen der künftigen Zusammenarbeit zu stellen.

Der weltweite Handel, auf dem ökonomischen Prinzip basierend, verlangt die aufgebauten bisherigen Wirtschaftsbeziehungen und den gegenseitigen Umgang der Handelspartner zu schützen. Trotz des Wissens und den

Ängsten vor gegenseitigen Abhängigkeiten, wobei die hierbei erwachsenden notwendigen Funktionalitäten bisher dafür sorgten, dass weltweit eine filigrane, wirtschaftliche und geldwerte Stabilisierung geschaffen wurde. Auf den sichtbaren Grundlagen 2011 mit China und seiner Politik und seinen Zielen für die Zukunft könnte diese Situation jedoch zu einem nicht einschätzbaren und zu einem bisher weit unterschätzten Pulverfass werden.

Muss man feststellen, dass man schlussendlich, um einigermaßen die eigene Wirtschaft zu retten, den chinesischen Tiger erweckt hat, der mit noch viel schlimmeren Aussichten und Ergebnissen für die Zukunft aufwartet. Man ist nun bereits am Hoffen, dass dies nicht der Fall sein wird und dies nicht eintritt.

Interessant wird hierbei sein, wie die westlichen Exportnationen mit diesem Thema für die Zukunft umgehen werden und um die Kontrolle und diese langfristig weltweit zerstörerische Heuschreckenmentalität der Chinesen in den Griff zu bekommen. Hieraus abgeleitet stellt sich natürlich auch die Frage, wie China in und mit seiner Position umgeht und wie weit dieses Land bereit ist zu gehen.

Sicherlich werden bereits die kommenden nächsten Jahre das gesamte Ausmaß der Vorgehens- und Reaktionsweise dieser riesigen Staatsmacht intern und extern für die gesamte Welt sichtbar machen.

2.1.6 Mittlerer und Naher Osten

Tausendundeine Nacht: Eine Begrifflichkeit, die gerne für die Länder des Mittleren und Nahen Ostens gebraucht wird. Ein Bild von unermesslichem Reichtum, von Ölquellen, Oasen, Palmen und Stränden, Scheichs und wunderschönen Frauen. Als Vorreiter gelten hier sicherlich für die westliche Welt die Vereinigten Arabischen Emirate mit ihrem Größenwahn und dem anschließenden finanziellen Desaster. Ein Schlaraffenland oder doch nur ein geplatzter Traum, nicht zuletzt für so manchen bekannten oder nicht bekannten Investor.

So oder so ähnlich werden die Länder des Nahen Ostens heute meist in der westlichen Welt gesehen. Die Realität ist jedoch eine gänzlich andere.

Der vordergründige Prunk, wie er in Saudi Arabien oder in den Vereinigten Arabischen Emiraten oder neuerdings im Oman sichtbar wird, ist nicht stellvertretend für das gesamte jeweilige Land oder gar einem höchsten sozialen Wohlstand jedes Bewohners in den jeweiligen Ländern der arabischen Welt. Die sozialen Unterschiede zwischen den reichen Menschen und andererseits der Bevölkerung in der Masse, welche sehr einfach auf kultureller und traditioneller Basis ihr tägliches Überleben sichern muss, ist überaus groß. Der in der westlichen Welt oft vorherrschende Blick auf Tausendundeine Nacht ist nicht im Ansatz real. Im Gegenteil, wenn die westliche Welt um die Zustände, die Ärmlichkeit wüsste, würde nicht nur der vordergründige Glanz abfallen, sondern vielmehr würde man auf humanistischer Ebene versuchen, Einfluss auf die Machthaber zu nehmen, was diese allerdings um keinen Preis zulassen wollen. Macht und Korruption und Positionsverteilungen in familiären Kreisen sind hier üblich.

Vielmehr erlebt man quer durch die arabische Welt Menschen, die auf sehr soziale und humanistische Art und Weise mit einem hohen sozialen Ansatz und der Auslebung des Islam als friedlichem Glauben ihr tägliches Leben leben und ihren Platz hierin einnehmen. Im Bereich der Familien herrscht ein überaus großer Zusammenhalt und innerhalb dieser Kreisläufe schützt und unterstützt man sich täglich, ohne nach westlichem Vorbild gegenseitig aufzurechnen und dies mit einer Selbstverständlichkeit. Ein familieninternes gegenseitiges Bereicherungsmoment oder Neid ist hierbei nicht gegeben. Zumindest wird es nicht sichtbar gemacht.

Diese familiären Bande sind nicht auflösbar und kommen einem Ehrencodex gleich, den es zu schützen gilt. Gleichzeitig kümmert man sich auch um Menschen im jeweiligen nahen Umfeld in Form von zur Verfügungstellung von Nahrung und Geld. Dies geschieht in dem Wissen, dass man selbst nicht so viel hat. Man fragt nicht, sondern man tut es eben. Hier ist eine echte gelebte Sozialkultur vorhanden, die auf gläubigen Grundlagen basiert.

Keine Frage, man muss die Gelegenheit wahrnehmen und die Länder in ihren Unterschiedlichkeiten bereisen und erleben. Meist jedoch schwelgt die westliche Welt in Angst bei diesem Gedanken. Die Vereinigten Arabischen Emirate, die mit ihrem Größenwahn und dekadentem Prunk weltweit bekannt sind, haben lediglich aus der Not eine Tugend gemacht. Allen anderen arabischen Ländern voraus haben sie in weiser Voraussicht, dass das Öl zur Neige gehen wird, mit weltweit gesammelten Geldern eine Zauberwelt geschaffen. Jedoch buchstäblich auf Sand gebaut. Der hierfür zugrunde gelegte Gedanke an das Ende des Öls ist im Übrigen in den arabischen Ländern mittlerweile ein Grundgedanke als Basis für die Überlegungen in eine neue Ausrichtung.

Doch gerade hier liegt die derzeitige Problematik der vorhandenen jahrelang zelebrierten Isolation und dem fehlenden Wissen quer durch die arabische Welt. Im Hinblick auf die wachsenden Entwicklungen in dieser Gesellschaft und unter Zugrundelegung der Familiengründung ist es im Islam unabdingbar, dass bezahlbarer Wohnraum zur Verfügung steht. Dies ist jedoch nicht der Fall. Hier ist quer durch die arabische Welt ein nicht zu unterschätzendes gesellschaftliches Defizit, welches die Regierungen umgehend zu lösen haben, noch vorhanden.

Die ersten Schritte in den arabischen Staaten waren, und es sind immer noch nur Versuche, fremde Unternehmen, willkürlich genehmigt über das Investment Board, Häuser und Wohnungen bauen zu lassen. Die Folge ist, dass als Vorbild im Wohnungsbau die Plattenbauten der damaligen DDR als Grundlage dienten und in sehr schlechter Qualität und zu nicht bezahlbaren Preisen für die Bevölkerung und die jungen Menschen, die eine Familie gründen wollen, am Markt hergestellt und angeboten werden.

Man muss allerdings auch wissen, dass erst eine Familie gegründet werden darf, wenn der Ehemann für die soziale Sicherheit der Frau gesorgt hat und sorgen kann. Hierzu gehört eben auch der Wohnraum. Allerdings fehlt dieser nach wie vor oder ist für die Bevölkerung nicht bezahlbar. Die Folge ist, und dies erkannten nun die jeweiligen Regierungen der Länder, dass ein Eingreifen des Staates notwendig ist. Mit Fördermitteln und mit Subventionierung für Häuser im Low Cost Bereich bis Herstellungskosten max. bezugsfertig $ 50.000,00 wurden Programme aufgelegt, die erschwinglichen Wohnraum für die Bevölkerung zur Verfügung stellen.

Dieses Beispiel zeigt anschaulich, dass diese bezahlbaren Wohnraum-Grundlagen in den arabischen Ländern umgehend herzustellen sind. Andernfalls sind unter Zugrundelegung des Glaubens im Islam mittel- und langfristig die Familienbildung und damit das Wachstum der Bevölkerung gefährdet. Eine gefährliche Situation in der Entwicklung der arabischen Länder und deren Regierungen, da die gesellschaftliche Entwicklung und künftige Population und der Islam im Glaubensgrundsatz untrennbar miteinander verknüpft sind.

Was allerdings die Menschen oft, zudem in der westlichen Welt nicht wissen, ist, dass vielfach die Entwicklungen und der heutige Wissensdurst der jungen Leute über die in diesen Ländern gebauten und modernsten Universitäten und Möglichkeiten noch weit vor dem westlichen Studentenstreben nach Erfolg rangiert. Auch der Wille der Menschen, sich intellektuell weiterzubilden ist ungebrochen hoch.

Die Regierungen erkannten wohl, dass ausgebildete, intelligente Menschen im eigenen Land das Kapital der Zukunft sein werden. Die jungen Leute und die Familien erkannten ihrerseits, dass die Ausbildung und ein Studium die Chance nicht nur für den Studierenden sein wird, sondern auch hierdurch ein echtes Moment der Besserstellung und der finanziellen Sicherung der Familie im Gesamten nach erfolgreichem Studium abzuleiten sein wird. Hierdurch entstehen künftig sehr große Grundlagen von Wissenshochkulturen.

Doch gibt es auch die andere Seite der kulturellen und religiösen sehr differenten Erblasten und dies auf der gesamten Breite in der arabischen Welt. Denn diese historisch-kulturellen Erblasten sind in den jeweiligen Ländern oftmals eine der westlichen Welt nicht sichtbare und nicht beachtete, unbekannte Seite.

Die einzelnen Länder im Mittleren und Nahen Osten könnten im Grundsatz untereinander nicht unterschiedlicher sein. Nicht zuletzt der vordergründige Glaube im Islam vereinigt diese Länder. Aber bereits auch hier sind die jeweiligen Auslegungen und Auslebungen in jedem Land anders und werden gegenseitig aufs Schärfste kritisiert und bekriegt.

Gleiches besteht in der inneren Haltung zueinander. Keineswegs sollte davon ausgegangen werden, dass die rabischen Staaten sich geschlossen verstehen und auch zueinander stehen, trotz des Zusammenschlusses in der Arabischen Liga und der OPEC (Zusammenschluss Ölfördernder Länder). Viel zu präsent sind hier die verschiedensten Einflüsse aus den Historien und den neuzeitlichen geschäftlichen Verbindungen, nicht zuletzt aufgrund der bisherigen Präsenz und dem Einfluss der USA.

Gerade auch innerhalb der einzelnen Länder bekämpfen sich die einzelnen Gruppierungen. Diese biegen und beugen die Grundlagen des Islam in freier Interpretation bis hin zum exzessiv ausgelebten und sehr gefährlichen Fanatismus. Ein Sammelbecken für nicht kalkulierbare, weltweite terroristische und kriegerische Auseinandersetzungen in der Zukunft. Festzuhalten ist, dass dies im Kontext lediglich auf den unterschiedlichen und freien Interpretationen und Auslegungen des Islam basiert und zudem gepaart ist mit Herrschaftsanspruch und Geltungsbedürfnis jedes kleinsten Stammes oder Statthalters.

Die Wurzeln dieser Länder sind historisch auf verschiedene Beduinenstämme begründet, die in ihren Genen den Kampf ums Überleben schon in die Wiege gelegt bekommen haben.

Trotzdem sei an dieser Stelle einmal der vielfach im Westen vorherrschende Irrglaube zum Thema Islam in Frage zu stellen und eine Lanze für die breite Masse der Menschen im Islam zu brechen, die man hätte schon längst brechen müssen oder brechen können.

Es stimmt keineswegs, dass die arabische Welt die westliche, christliche Welt als ihren Feind ansieht, den es zu bekriegen gilt. Dies ist eine bewusst und gezielt aufgebaute Irreführung und gibt natürlich zudem auch in der westlichen Welt für die christlichen Ausrichtungen die entsprechende Plattform. Mit einer Brachialgewalt wird im Westen dieser Irrglaube aufrechterhalten und eine Verbindung zur gänzlichen Aggression des Islam hergestellt. Dies ist in der breiten Masse und unter der Zugrundelegung des in der arabischen Welt gelebten Islam nicht gänzlich richtig.

Die Grundlagen des Islam, im Koran niedergeschrieben, zeigen, dass der Islam keine kriegerische und räuberische, sondern vielmehr eine äußerst soziale Religion ist und Kultur darstellt.

Natürlich begehren jetzt die christlichen Vertreter wieder auf. Hier jedoch an dieser Stelle ist den christlichen Ausrichtungen zu sagen, dass bei aller vordergründigen und in den jeweiligen Lehren vorhandenen Unterschiedlichkeiten in den Religionen, auch der speziellen darstellenden Art des christlichen Glaubens, jeweils nur ein einziger Gott als Basis vorhanden ist. Es wäre unsinnig darüber zu streiten, welche Religion zuerst da war, was im Übrigen nicht das Christentum oder der Islam waren, und diese somit keinen Anspruch auf Richtigkeit erheben könnten.

Lesen Sie und verstehen Sie Ihren „vermeintlichen Gegner, den Koran". Hier wäre der Ansatz für die christliche Welt, ihre bewusst und ständig hochgehaltene und vermarktete Distanz- und Dominanzhaltung zu überdenken und einmal darüber nachzudenken und sich selbst zu analysieren, warum es ihr derart schwer fällt, einen anderen Glauben zu akzeptieren, der, wie ihre christliche Religion, nur einen Gott hat und wonach die Menschen hierin ihr tägliches Leben und ihren Glauben erleben.

Lediglich inhaltlich anders geschrieben und anders gelebt. Stellt sich zudem doch genau so die Frage, warum es in der christlichen Welt, z. B. bei den Protestanten, mittlerweile derart viele Absplitterungen mit ihren jeweiligen eigenen Interpretationen des christlichen Glaubens und mannigfaltigen, auch differenten Auslegungen der Bibel gibt.

Es ist an der Zeit, die sicherlich nicht von Gott gewollte, leider oft sichtbar gegebene und vorhandene Arroganz und Distanz in den gegenseitigen Haltungen, im Osten und im Westen aufzugeben und aufeinander zuzugehen. Eine sehr ernst gemeinte Überlegung in Anbetracht weltweiter langfristiger Betrachtungen und Entwicklungen im multikulturellen Zusammenleben - im Übrigen ein Muss! Bewusst gegenseitige gesteuerte Hetz-Tiraden dürfen nicht dazu führen, dass man die Religionen für machtmanipulative Zwecke verwendet und gegenseitig ausspielt. Die Folgen wären hierbei weltweit unabsehbar.

Doch nun zurück zu den Ländern. Beginnend bei Saudi Arabien. Dieses Land verfügt nach eigenen Angaben über die größten Erdölvorkommen der Welt. Schon seit jeher eine führende Kraft im Mittleren Osten. Nicht nur über den Vorsitz der arabischen Liga, sondern als größter Erdölproduzent auch innerhalb der OPEC in sehr profilierter Form präsent.

Dieses Land mit seinem Einfluss und der direkten Verbindung und Unterstützung der USA konnte über Jahrzehnte seine Führungsrolle im arabischen Raum durchsetzen und halten. Allerdings wird gerade die Verbindung zu den USA und deren Einfluss auf Saudi Arabiens Königshaus diesem Land intern zum Verhängnis. Saudi Arabiens Verbindungen und der Versuch, vordergründig eine neutrale Rolle im Verbund der arabischen Länder zu übernehmen, haben zur Folge, dass diese Position nun Saudi Arabien in die Rolle des Ungläubigen und Abtrünnigen brachte. Gerade in 2010 wurde mit den USA ein Waffengeschäft in Höhe von 60 Mrd. Dollar gezeichnet. Stellt sich die Frage, warum Saudi Arabien diese immensen Waffenbestände erwerben muss und auf was sich dieses Land militärisch vorbereitet oder vorbereiten muss.

Im Hinblick auf die stringente Distanzhaltung des Iran zur restlichen Welt und im speziellen hinsichtlich Israels, wäre eine Vorbereitung und Stationierung von Waffen in Saudi Arabien für eine eventuelle kriegerische Auseinandersetzung sicher für die USA von großem Vorteil. Die zudem in zweifacher Hinsicht, sowohl durch die Erhöhung des Exportvolumens der USA als auch die räumliche Nähe des verbündeten Partners begründet sind.

Nach wie vor sind die Erdölvorkommen und -bestände in den einzelnen Ländern weltweit ein unglaubliches Faustpfand, welches nicht nur Milliarden von Devisen einbringt, sondern auch Macht.

Gerade hier steht die Rolle der USA, die natürlich ein überaus großes Interesse daran haben, die Sicherungen und den Zugriff auf die Ölressourcen in den arabischen Ländern zu haben, im Vordergrund. Gleichzeitig geht es allerdings auch um eine strategische und wirtschaftliche

Allianz, die der USA eine Basis für den Schutz nicht zuletzt von Israel ermöglicht.

Innerhalb der arabischen Welt und auch unter der Zugrundelegung der Historie gibt es kein gehassteres Volk als Israel. Somit kommen natürlich diverse Haltungen und Interessen im Nahen und Mittleren Osten zusammen. Vielfach ist man dem Glauben erlegen, im Mittleren und Nahen Osten möchte man eine Abgrenzung zur westlichen Welt, dies ist in Gänze nicht richtig, sondern hierbei sind im speziellen die USA und deren Treiben gemeint.

Gerade durch das Treiben und die sichtbare strategische Unterminierung und Einflussnahme durch die USA, als Schutzpatron von Israel, von Saudi Arabien und von Kurdistan im Norden des Irak (Vorzeigeziehkind und jährlich mit ca. 6 Mrd. Dollar subventioniert durch die USA), bewirken einen derart tief sitzenden Eklat und ein Brodeln unter der Oberfläche innerhalb der Länder im Mittleren und Nahen Osten, was jederzeit durch eine militärische Eskalation innerhalb der arabischen Welt zum Ausbruch kommen kann.

Die in 2010/2011 sichtbaren Auseinandersetzungen mit dem Iran und seines Machthabers Dr. Mahmud Ahmadinedschad, auch der in Europa propagierten Aggression des Iran gegen Israel, basiert auf einer sehr alten und langen Historie. Bereits anlässlich der Präsidentschaftswahlen und dem Kandidaten Mir Hussein Mussawi wurde der

Disput gegen den Iran nach längerer Zeit wieder öffentlich angefacht.

In der gesamten Welt wurde der Herausforderer Mussawi geschickt und gezielt als vermeintlich gemäßigt konservativer Bewerber für die Bevölkerung präsentiert und vermarktet, allerdings von außen durch Fremdländer vehement und nicht uneigennützig unterstützt. Man sollte sich die Frage stellen, welches der westlichen Länder denn die größten Interessen haben könnte.

Was allerdings zunächst keiner in der westlichen Öffentlichkeit vermutet: der Herausforderer Mussawi ist ein erzkonservativer Mann, ein Moslem, der seinen Glauben und seine Haltung im traditionellen, konservativen Lager hat.

Nach außen wurde der Mitbewerber für die aufstrebende Jugend im Iran als ein Hoffnungskandidat beworben, der vom alten Regime befreien wird und das Land öffnet. Eine Propaganda und ein Ziel, das schlussendlich nicht erreicht wurde.

Gezielt aus der westlichen Welt gesteuert, wurde hier die Berichterstattung im Westen und in der Welt eingesetzt. Eingesetzt, um Druck auf den alten und neuen Amtsinhaber Dr. Ahmadinedschad auszuüben. Der Iran konnte schlussendlich dem gesteuerten Fremdeinfluss bei den Wahlen entgegenwirken. Sicherlich ist innenpolitisch gesehen diese Wahl für die Entwicklung der gesamten Jugend, der Frauen und einer künftigen intellektuellen Gesellschaft die weitaus bessere. Selbstredend steht es außer Frage, Kriege und Konflikte nicht eskalieren zu lassen, gleich wo auf der Welt dies auch der Fall sein möge.

Unabhängig davon ist der Iran ein unglaublich großes und in seiner geographischen Lage sehr unterschiedliches Land. Im gesamten Land haben Sie fruchtbare Teile, Bewaldung wie im Schwarzwald in Deutschland, bis hin zum Brachland. Oder wollen Sie Skifahren, auch das ist im Iran möglich. Im Norden der Stadt Teheran z. B. glaubt man beim Betrachten der Häuser, der Straßen, der Bäume und dem Berg im Hintergrund, in Südtirol, genauer noch in Bozen zu sein.

Der Iran hat in den letzten Jahren mit Vehemenz im eigenen Land eine produktive Infrastruktur aufgebaut, welche dem Land erlaubt, sehr autonom von innen heraus mit allem versorgt zu sein, was das Land, die Menschen und der infrastrukturelle Ausbau sequenziell benötigen. Es wird seitens der Regierung eine massive Autonomie angestrebt und geschaffen.

Gleichzeitig exportiert der Iran Waren im Wert von ca. 77 Mrd. Dollar. Man überlegt seit langem genau, mit welchen Partnern man im Bereich des Ex- und Import zusammenarbeitet. Im Bereich Import ist Deutschland mit ca. 12 - 15 % der größte Lieferant.

Im Bereich der Bildung und in ihrer Erscheinung sind die Menschen keineswegs grundsätzlich boykottiert oder reglementiert, sondern erscheinen und stellen sich sehr attraktiv und gepflegt dar. Sichtbar ist diese junge Generation, und das weiß dieses Land und die Regierung, wissbegierig, intellektuell auf einem schnellen, einem hohen Niveau bereits auf dem Weg. Man möchte mit Stolz sein Land und seine Kultur, gepaart mit westlichem Intellekt und Erscheinen für das Land und in seine eigene Entwicklung einbringen und leben.

Inhaltlich ist der Iran sehr gut aufgestellt und vielfach autonom. Bleibt abzuwarten, wie sich die Dinge im arabischen Raum entwickeln werden.

Auch in der Region Irak-Kurdistan könnten die Ab- und Ausgrenzung und die Differenzen mit anderen Ländern nicht größer sein, wie heute fortwährend sichtbar wird. Kurdistan ist eine autonome Region im Norden des Irak. Dieses Land ist mit massiver finanzieller Unterstützung der USA und weiterer Partner zu Beginn in die Autonomie geführt worden. Auch mit dem fortwährenden Bestreben, Kurdistan in seinen Grenzen zu klären und finanziell so auszurüsten, dass in diesem Land, welches heute das Zentrum der weltweit lebenden Kurden ist, eine Entwicklung geschaffen wurde, welche im Nahen Osten ihresgleichen sucht. Natürlich wird Kurdistan jährlich mit weiteren Mrd. Dollar seitens Amerika unterstützt.

Die Entwicklung ist am besten in Erbil, der Hauptstadt, zu sehen. Hier ist der Regierungssitz, vertreten durch den Präsidenten Massoud Baran und Premierminister Nechirwan Barzani sowie den Ministern und Gouverneuren, angesiedelt.

Ein neuer und moderner, gut ausgebauter internationaler Flughafen ist neuerdings entstanden und vieles, vieles mehr. Allerdings wurde es im Aufbau versäumt, gleich die Straßenführung und die Kanalisation vorausschauend zu planen. Heute bereits ein enormes Problem, welches sehr große Summen verschlingen wird, um das Versäumte nachzuholen und die Stadt Erbil auf die Zukunft und das Wachstum vorzubereiten.

Auf der anderen Seite von Kurdistan, quer durch unberührte Berge und Natur von Erbil nach Sulaymanija, eine weitere Großstadt, die sich noch sehr langsam auf den Weg der Entwicklung macht. Auch hier wird der bisherige kleine Flughafen ausgebaut und man rüstet sich, um sich nach außen zu öffnen und um auch im Bereich der Touristik einen Markt zu erschließen.

Die südlichen Grenzen von Kurdistan bei Mosul und Kirkuk sind seit Jahren eine Krisenregion, die aufgrund der in Kirkuk vermuteten Öllagerstätten nicht zur Ruhe kommt. Zur Ruhe deshalb nicht, da Kurdistan dieses Grenzgebiet natürlich für sich beansprucht und der Irak im Süden (Araber) für sich. Zudem kommt zwischen diesen beiden

Kontrahenten, der Kurden und der Araber, natürlich noch seitens der Kurden die Angst vor den Arabern und deren Übergriffen in Kurdistan dazu.

Eine ungute geographische Zwangsverbindung, die als Siedepunkt mit höchster Explosionsgefahr bezeichnet werden kann. Oder kürzer: Ein tiefer Riss und ein tiefer Hass tun sich zwischen den Kurden und den Arabern auf. Aus diesem Grunde kommt es an den Grenzen von Kurdistan zu massiven Grenzkontrollen, die für einen Westeuropäer in dieser Art nicht vorstellbar sind.

Der Irak im Süden ist ein unter Kriegsrecht stehendes Land, in dem ständig zwischen den einzelnen Gruppierungen und Clans die Machtspiele mit Waffengewalt ausgetragen werden. Nach der Ära Saddam Hussein al Takriti (2003) zunächst mit einer militärischen Übergangsregierung der USA und im Nachgang seinerzeit klug mit zwei Personen an der Spitze besetzt. Präsident Dr. Jalal Talabani (PUK) und Premierminister Nuri al Maliki, der als Schiit auch die Sunniten hinter sich vereinigen konnte. Klug deshalb, da auf diese Weise eine Vereinigung der diversen Gruppierungen mit den Kurden im Norden stattfand und akzeptiert wurde.

Doch unabhängig davon ist dieses Land ausgeblutet und die Bevölkerung ist sehr müde von den Jahren im Krieg. Wer kann es diesem Volk verdenken.

Doch gibt es immer wieder Hoffnungsschimmer. Man plant derzeit, das völlig zerstörte Land Irak wieder aufzubauen und die ersten bilateralen Verträge sind bereits mit ausländischen Regierungen verhandelt worden. Zudem ist zeitnah geplant den Zugang zum Meer und die Hafenanlage in Basra auszubauen, damit hier ein direkter Seezugang auch in großem Stile für die Zukunft vorhanden ist.

Bleibt abzuwarten, ob es der Irak mit seinen internen Problemen fertig bringt, das Land nach Abzug der US-Soldier wieder stabil für eine Zukunft zu formieren. Es sei dem Land zu wünschen, speziell im Hinblick auf die Menschen und deren Zukunft.

Der Libanon erfuhr über seinen designierten Ministerpräsidenten Saad Hariri (bis 2010) jahrelang eine intellektuelle Kulturentwicklung und friedliche Revolution. Für ca. 250 Mill. $ wurde z. B. in den vergangenen Jahren die Universität „Freedom" von einem deutschen Konsortium gebaut. In diesem Land setzt man zudem heute auf den Tourismus, in Verbindung mit dem kulturellen Erbe, um dies langfristig durch die Öffnung und Stabilisierung nach außen wirtschaftlich für das Land zu nutzen. Ein Land, das sicherlich eine Reise wert ist.

Gleiches gilt für den Oman, der sich in der Neuzeit anschickt, sich voll und ganz auf den Tourismus zu konzentrieren. Eben hier, wie auch in anderen arabischen Ländern, will man die Basis für die Zukunft hinsichtlich der Finanzierung des Haushaltes gewährleisten.

Syrien mit seinen Grenzen hat auch bereits in weiser Voraussicht die nächsten 5 Jahrespläne zur Deregulierung, Senkung der Kosten in den öffentlichen Sektoren und Privatisierung, sowie unter Verwendung der Erlöse aus Erdölverkäufen dazu eingeplant, die Wirtschaft bereits in den nächsten 10 Jahren derart umzustellen, dass damit im Ergebnis die Wirtschaft auf neuen Beinen steht, bevor das Öl erwartungsgemäß ausgeht.

Israel, ein Land der Gegensätze und einem gefährlichen Spiel in seiner Rolle im Nahen Osten. Längst sind im Land die Verhältnisse trotz guter und hochtechnologisierter Wirtschaft nicht mehr so, wie man es erwarten könnte. Gerade hier in Israel ist jedoch bis heute die größte Armut von Kindern in so genannten entwickelten Ländern vorhanden (siehe hierzu www.israelnetz.com).

Jordanien mit den Grenzen zu Israel ist im Westjordanland von Israel besetzt. Hintergrund sind die historischen Grenzen des biblischen Kernraumes von Israel, Bethlehem, Hebron und Jerusalem. Der biblischen Überlieferung zufolge soll dieses Gebiet dem Königreich Israel gehört haben.

Hieraus abgeleitet beansprucht Israel dieses Gebiet. Für ein sogenanntes Volk Gottes eine sehr fragliche Haltung in

112

der Art und Weise der militärischen und radikalen Beanspruchung dieses Territoriums auf dem Gebiet von Jordanien.

Aus heutiger Sicht und den komplexen Verbindungen negativer Art, der Religion, der ideologischen Haltungen, der Historie, der Rohstoffe und nicht zuletzt der von außen Einfluss nehmenden Staaten ist die Wahrscheinlichkeit eines ruhigen Nahen und Mittleren Ostens sehr gering. Zu differenziert sind die unterschiedlichen Ideologien und Ziele.

Bedauerlicherweise deuten alle Querstrukturen und Faktoren darauf hin, dass gerade Israel als sogenanntes Volk Gottes mit größter Wahrscheinlichkeit der Auslöser für ein Inferno im Nahen und Mittleren Osten und damit verbunden weltweit sein wird. Welch abstruse, auf Grundlagen der eigenen Religionen verursachte Tragik.

Erlauben Sie hierbei noch die Anmerkung: Die Israeliten haben keine christliche Leitkultur, sondern sie begründen ihre gesamte Religion und Ideologie auf das Judentum und fühlen sich in den Grundlagen des Christentums nicht angesprochen und auch nicht zuständig. Gegen das Christentum herrscht dort eine arrogante Ablehnung.

2.1.7 Russische Föderation

Der russische Bär. Ein Land mit Seele und mit tief verankerten Wurzeln in der Historie. Ein faszinierendes und stolzes Land, beseelt mit Menschen, deren Herzlichkeit und Gastfreundschaft kaum zu übertreffen ist. Und dies unabhängig, ob in ärmsten Verhältnissen lebend oder nicht. Die ehrlich gemeinte Wertschätzung eines Menschen in der russischen Kultur, als Gast oder Freund geht weit über das hinaus, was im Westen über dieses Land bekannt ist.

Der heute in den Großstädten sichtbare neuzeitliche Pomp ist nicht repräsentativ für die Bevölkerung quer durchs gesamte Land. Vielfach leben die Menschen in den ärmlichsten Verhältnissen und auf einem minimalen Niveau. Oft einsam in endlosen Gebieten mit einer sehr geringen Besiedlungsdichte.

Sicherlich hat dieses Land und vor allen Dingen seine Menschen in seiner Geschichte, zuerst auf Basis der zaristischen Führung, dann mit der kommunistischen Kaderführung, viel Schlechtes und Negatives und viel Leid ertragen müssen.

Seit den Reformen 1992, der Teilprivatisierung und dem Weg zur Demokratisierung, laufen die ersten Versuche, sich als ein Wirtschaftsland nach westlichem Vorbild zu entwickeln. Dieser Versuch scheiterte allerdings vehement mit einem Kollaps der Wirtschaft und dies ging bis zur Hungersnot in dieser Zeit.

Nach der Finanzkrise 1998 konnte dieses Land sich ab dem Jahre 2000 mit Hilfe seiner Rohstoffe wie Öl, Gas und Stahl und der seinerzeit hohen Marktpreise erholen. Diese Entwicklung begünstigte zudem eine Steuerreform und den Rückfluss von immensen Kapitalbeträgen in das Land zurück.

Russland, ein Land mit unglaublichen und noch ungenutzten Bodenschätzen wie Öl und Gas und einer Vielzahl weiterer Rohstoffe. Zwar konnte in den vergangenen Jahren die Förderung der Rohstoffe gesteigert werden, allerdings entspricht dies nur einem Bruchteil des noch Möglichen. Die russische Wirtschaft und damit auch die Arbeitsplätze haben sich ab 2005 sichtbar erholt. Allerdings hat Russland nach wie vor in der Breite ein Armutsproblem.

Die technischen Grundlagen und Ausrüstungen sind vielfach in einem maroden und desolaten Zustand. Das Geld zur Sanierung ist nicht vorhanden oder wird nicht zur Verfügung gestellt. Hier ist eine Reinvestition in die künftigen Grundlagen des Landes und seinen möglichen Produktionswert in der Breite sicherlich angeraten und zwingend notwendig.

Sicherlich, Russland ist ein sich entwickelndes Land, welches in allen Bereichen bestens ausgebildete Fachleute, die auf ihren Gebieten weltweit führend sind, zur Verfügung hat. Allerdings tut sich Russland bis heute von innen heraus schwer damit, über die alten Strukturen und unter Zugrundelegung der Traditionen den Weg in die Moderne zu finden und zuzulassen.

Im Bereich der Finanzsysteme, über den Bereich der staatlichen Kontrolle bis hin zur Bereicherungsmentalität Einzelner, sind die heutigen Grundlagen als nicht gut für eine Entwicklung in der Gesamtheit innerhalb dieses Landes anzusehen. Viel zu sehr herrschen noch innere differente Machtstrukturen und Ressourcen, die kontraproduktiv zu einer gesunden und unabdingbar notwendigen Entwicklung stehen.

Die nun weltweit mit viel Geld und durch sicheres Auftreten auffallenden russischen Touristen sind in der Gesamtzahl aller Russen in der Minderheit. Wer will es diesen Menschen verübeln, wenn sie sich mit ihrem eigenen Stolz die Wünsche erfüllen, welche in einer westlichen Welt an der Tagesordnung waren und sind. Ein kleiner Befreiungsschlag einer noch kleinen Minderheit.

Allerdings wird dies in Kombination mit den außerordentlich guten Beziehungen des Staates weltweit über kurz oder lang dazu führen, dass die russische Föderation in wirtschaftlichen Bereichen mit Know-how weltweit ihren

Platz einnehmen wird. Es werden wohl noch ein paar Jahre vergehen müssen, die für die Umstrukturierung und Neuorientierung des Landes notwendig sind. Allerdings wird es mit Hilfe eines vertrauensvollen Partners, auch Handelspartners wie z. B. Deutschland, seinen Weg gehen.

Auch die innere wirtschaftliche Führungs-Orientierung und Ausbildung soll auf den Grundlagen der deutschen Geschäftspraktiken und Mentalität basieren und ist sicher nicht zum Nachteil für dieses Land. Schon vor Jahren hat man damit begonnen, nach deutschen Geschäftsmodellen und im Bereich Führungsmanagement sich deutsches Fachwissen zu holen und den künftigen Führungskräften im eigenen Land beizubringen.

Die hier schon aus der Historie heraus bestehenden Verbindungen zu Deutschland und das Verständnis füreinander werden auch für die Zukunft im Rahmen der Zusammenarbeit und der Unterstützung für die Russische Föderation langfristig auf solider Basis Rechnung tragen.

Beide Länder sind langjährige Handelspartner. Russland erhält hauptsächlich industrielle Fertigprodukte und Deutschland Öl und Gas. Bereits 2005 mit einem gemeinsamen Handelsvolumen in der Größenordnung von 38 Mrd. Euro und steigend. Überdies verfügt die Russische Föderation über weltweit sehr gute Verbindungen und Handelsbeziehungen. Es ist sicherlich an der Zeit, dass dieses Land den Sprung in die freie und internationale Marktwirtschaft findet.

Als eine heute noch weltweit führende Atommacht, als ein militärisches, unter Waffen gut ausgestattetes Land auf der Welt, wird dieses Land auch in der Zukunft weltweit eine maßgebliche Rolle spielen.

Die sich aus der Historie und der Präsenz ergebende künftige Rolle der Russischen Föderation wird dieses Land in eine entscheidende weltweite Position bringen. Allerdings nur in Kooperation einer wirtschaftlichen wie militärischen Allianz. Wobei sich hierbei unter Zugrundelegung von historischen, geographischen und strategischen Aspekten eine Allianz mit Deutschland und Teilen der EU anbietet und realistisch sein würde.

Sicherlich ist dies als Gegengewicht zur künftigen Positionierungen von Asien und Amerika wichtig. Wobei die Abgrenzung zu den USA nicht auf einer persönlichen Ausgrenzung oder einer Ablehnung basiert, sondern vielmehr eine Addition vieler vorliegender und maßgeblicher Faktoren ist, wie z. B. aufgrund der Größe und Machtansprüche beider Staaten, der Ansichten, der Führungseigenschaften usw., die auf den historischen und heutigen Grundlagen keine direkte Verbindung zulassen werden.

Auch ist der strategische Schachzug von Premier Putin in 2011 eine neue Wirtschaftsbündnisstruktur mit China anzudenken, wie in einer Verlautbarung in den Medien zu sehen, nicht unüberlegt. Er würde so noch mehr das Kapital und seinen Einfluss in den Vordergrund rücken. Zudem könnte er somit im eigenen Land die noch nicht genutzten Ressourcen fördern, nicht zuletzt aber auch ein derartiges Bündnis zur Erweiterung seiner bisher schon mächtigen Position im Land und in der Regierung und als Nebeneffekt zum Ausbau des eigenen Profits nutzen.

Dies wurde bereits eingeläutet, als im Herbst 2011 Putin in einer Abstimmung zum nächsten Präsidentschaftskandidaten für 2012 nominiert wurde. Der Kampf zwischen den konservativen Pro-Putin-Kräften und den progressiven Medwedew-Anhängern ist mit dem Sieg zugunsten Putin ausgegangen. Die konservative Gruppe um Putin und dessen Netzwerk incl. der FSB (Inlandsgeheimdienst), dessen Direktor Putin einst war, und den hier unterstellten alten KGB-Strukturen (Putin war hier Ex-Offizier) – der gesamte militärindustrielle Komplex, die Miliz und der Rohstoffsektor – setzten sich durch und sind hierbei „größer und einflussreicher" gewesen als zunächst erwartet.

Allerdings werden seit langem innerhalb der Führung der Russischen Föderation zwischen den Lagern des Präsidenten Medwedew und des Premier Putin (Ex-KGB, FSB-Direktor) Grabenkriege ausgefochten. Nicht zuletzt unter Einsatz der alten KGB-Strukturen und dem Einfluss von Putin, auf der anderen Seite Präsident Medwedew mit dem FSB, dem heutigen Dienst zur Kontrolle des alten KGB und dem eigentlichen Geheimdienst, dem SWR und dessen Führungsstab. Bereits seit langem wird innerhalb des Kremls strategisch agiert. Es ist derzeit davon auszugehen, dass sich innerhalb des Kremls und den bisherigen Ministerpositionen Änderungen ergeben.

Dadurch wird sichtbar, dass die Zeit der humanistischen und intellektuellen Bewegung, vertreten durch Medwedew, vorüber ist. Nun wird sich Putin, der sich bereits seit Jahren auf dem Weg befindet und die Rahmendaten für 2012 vorbereitet hat, nach wahrscheinlicher Übernahme des Präsidentenamtes für ein starkes Russland einsetzen und sich in der Zeit des breiten Aufbaus und der Stärkung Russlands um dessen Liquidität kümmern.

Er wird intelligent genug sein, erst einmal die eingeleiteten Gesetze, die noch unter Medwedew abgesegnet wurden, wirken zu lassen. Er wird sich dies anschauen, um zunächst Zeit zu gewinnen und sich dann im Land selbst über die breite Masse, die noch nicht sicher als Pro-Putin gilt, vermarkten müssen. Außenpolitisch wird dieser Regierungswechsel sicher sehr spannend, da man natürlich um den Hardliner Putin weiß, der als Verhandlungspartner und als Führungspersönlichkeit Durchsetzungsvermögen im Übermaß besitzt. Zudem steigt natürlich die Angst, dass Russland, Wachstum vorausgesetzt, wieder eine große Rolle, nicht nur in wirtschaftlichen Bereichen spielen wird.

Dies wird zunächst allen voran die USA in Angst versetzen, allerdings die Nato ebenso.

Gerade in jüngster Zeit wurden mit Deutschland und Frankreich in Kooperation Gespräche geführt, gemeinsam in wirtschaftliche Wege zu investieren und diese zu gehen. Sicherlich spielen in diesem Zusammenhang auch die Rahmendaten über Deutschland, das aktuell als zweijähriges Gastmitglied in der UNO aufgenommen wurde, sowie das Thema Atomschild, eine nicht unwesentliche Rolle. Hier wird sich die Russische Föderation in ihrer Haltung und ihrer Position und um das Wissen der USA, ihren Plänen sowie dem „Machtanspruchsdenken" sicherlich nicht zurückhalten lassen, mit Vehemenz eine weltweite Präsenz- und Positionssicherung vorzunehmen.

Der derzeitige, schon im Gang befindliche Veränderungsprozess im Land, aber auch der EU, der Wirtschaftsdaten und Rahmendaten der USA, der strategischen Ausrichtung und das Vorgehen von China weltweit, sind nur einige von vielen Faktoren, die untrennbar mit der Haltung und Neuausrichtung der Russischen Föderation zusammenhängen werden.

Unabhängig davon wird jedoch über die Maßen sichtbar, dass sich die Russische Föderation öffnet und integrativ als verlässlicher Kooperationspartner der Zukunft die ersten Schritte unternehmen. Um langfristig das eigene Land über den Export zu finanzieren, bedarf es im Vorfeld der

Klärung von echten und funktionalen Partnerschaften und der Investitionen sowie im Bereich der Fremdinvestitionen in Russland. Es wird hierbei umgehend und notwendigerweise angeraten sein, auch in die Infrastruktur, hinsichtlich der Basis von Lebensqualität, der Entgegenwirkung der inneren geldwerten Inflation und in die Modernisierung des Bankenwesens zu investieren.

Allerdings muss auch die zur Verfügung Stellung von Mitteln/Liquidität gesichert werden, um die Basis einer Entwicklung im eigenen Land zu begründen. Die Förderung der eigenen Rohstoffe und Bodenschätze sowie die Schaffung der hierzu notwendigen, internationalen Attraktivität in der Vermarktung bedürfen noch unfassbar vieler Anstrengungen.

Ein Kreislauf, der in Verbindung mit der künftigen Haltung und Ausrichtung sowie einer schnellen Umsetzung zum kooperativen und positiven Erfolg führen kann.

Nur über den Weg wirtschaftlicher und militärischer Allianzen kann die Russische Föderation im internationalen Markt langfristig bestehen und sich positionieren, um zudem die langfristig innere Liquidität und damit die benötigten Reinvestitionsgelder zum Aufbau der eigenen Wirtschaft zu erreichen.

Wenn nun zudem Putin noch, wie von ihm verlautet, ein eigenes Wirtschaftsbündnis unter Einbeziehung Chinas anstrebt und ins Leben rufen will und wird, dann kann man sich unschwer ausrechnen, was dies in den Bereichen der Präsens- Wirtschafts- und Machtpositionen für Russland im weltlichen Gesamtgebilde bedeutet.

Zudem ist China daran interessiert, hierbei sehr gerne darüber nachzudenken als Bündnispartner Russlands zu fungieren. Dies führt nicht nur dazu weitere Geschäftsvolumina und somit Devisen zu generieren, sondern führt auch zu einer starken Bündnisposition gegenüber Russland. Weiterhin sichert sich China zudem durch ihre Grenznähe zu Russland und deren noch nicht genutztes Potential, eine Kontrollfunktion. Denn Russland gilt aus der Warte Chinas heraus als brandgefährlicher Kontrahent für den eigenen strategisch angestrebten Gesamtplan der wirtschaftlichen Weltbeherrschung.

In der Tat könnte Russland nach Erlangung von notwendiger Liquidität als erstarkte Wirtschafts- und auch wieder moderne Militärmacht, China und seinem Plan der Weltwirtschaftskontrolle sehr gefährlich werden.

Allerdings wird sich Putin, der als brillanter Stratege gilt, gut überlegen, welche weiteren Schritte er gehen wird. In diesem Zusammenhang sollte Russland bereits schon heute in Fragen der zur Verfügung stehenden Liquidität nicht unterschätzt werden. Diese ist vorhanden und wartet auf ihren Einsatz.

Man wird sehen, wie die Verbindung Russlands zu Deutschland sein wird. Sicher kann man davon ausgehen, dass Deutschland eine der zentralen Partnerrollen im Fortgang Russlands spielen wird.

Schlussendlich sollte sich die gesamte Welt, auch im speziellen die USA, darauf einstellen, dass durch die derzeitigen globalen Wirtschaft- und Machtverschiebungen Russland die Chance hat, wieder zu einem russischen Bären mit internationalem und militärischem Gewicht aufzusteigen.

2.1.8 Türkei

Die Türkei, einst ein sehr kriegerisches und erfolgreiches Volk in Zeiten des osmanischen Reiches. Längst schon sind allerdings die Zeiten der angedachten Weltherrschaft vorbei. Eine Kultur der vergangenen Jahrhunderte, die diesem Volk die Grundlagen seiner Ausrichtung, Gebräuche und Sitten in Fleisch und Blut übergehen ließ. Im Land selbst sind die Menschen sehr aufgeschlossen und sehr gastfreundlich und hilfsbereit. Hier wird die Kultur noch auf einer Basis von Miteinander gelebt. Ein konträres Bild dieses Landes zeigt sich allerdings in der Neuzeit und in der heutigen Generation: Moderne contra ländlich-traditionell. In den letzten Jahren arbeitete die Türkei mit viel Aufwand daran, den Sprung in die Moderne zu schaffen, um sich damit im internationalen Welthandel zu positionieren und ihren Platz zu finden. Allerdings wirkt sich diese Entwicklung lediglich in den Ballungszentren und großen Städten aus. Sichtbar am neuen Stadtteil der Großstadt Istanbul. Eine hypermoderne Stadt mit imposanten Bauten und Geschäftshäusern. Heute eines der modernsten Geschäfts- und Handelszentren der Türkei.

Ein hochmodernes Geschäftszentrum, an welchem man überdies sehr deutlich sieht, welche Ziele sich die Türkei gesetzt hat und hiermit imposant darstellt. Direkt daneben das alte, traditionelle Istanbul mit seinen Basaren, in denen ein reger Handel mit Dingen des täglichen Lebens betrieben wird. Eine nicht uninteressante und gute Verbindung zwischen Tradition und Moderne.

Diese Entwicklung verändert jedoch zusehends auch die Grundlagen, die den Menschen der Türkei zueigen waren. Die heutige Generation ist taff und busy und mutierte zu geschäftstüchtigen modernen Händlern. Allerdings hat man oft das Gefühl, dass die türkische Seele dabei auf der Strecke blieb. Auch allerdings so mancher der alten Generation zu eigenen Grundwerte im Umgang mit dem Gast oder dem Geschäftspartner. Man muss sich daran gewöhnen, dass die heutige Türkei der jungen und erfolgreich Aufstrebenden mit einer gewissen Aggression, Arroganz und Distanz und nur dem eigenen Erfolg zugewandt ihre Wege in die Zukunft beschreitet. Es wird zu beobachten sein, wie sich die völlige Unterschiedlichkeit zwischen der Tradition und der Moderne, der alten und der jungen Generation auf die Sichtbarwerdung und äußere Darstellung der Türkei und der Türken auswirken wird.

Allerdings, und dies ist noch die andere Seite, eröffnet sich die Moderne bis heute auf dem Land nicht. Hier besteht noch eine große Kluft zum ländlichen und traditionellen Teil in der Türkei. Ländlich, gemächlich und sehr nach den Wurzeln traditionell, leben und arbeiten die Menschen im Bereich des Agrarsektors.

Ein Land, welches vielfach mit der Herzlichkeit und Freundlichkeit aus der Tradition seine Gäste willkommen heißt. Historische Kulturgeschichte und historische Bauten sowie die Ursprünglichkeit blieben in diesem Land bis heute erhalten.

Andererseits ein Land, das stellvertretend für Billigprodukte, Raubkopien und günstigen Urlaub in Europa steht.

Sicherlich sind die weltweiten Handelsbeziehungen vorhanden und es gibt kaum einen Bereich, welcher nicht seitens der Türkei und türkischen Firmen abgedeckt wird.

Durch die auf Preisdumping abgestimmte Vorgehensweise öffnen sich natürlich vielfach die Türen für den Export. Von Lebensmitteln über handwerkliche Produkte aller Art bis hin zum Raffineriebau ist fast alles vertreten.

Die Rechnung ging bisher ausschließlich über den Preis und fehlenden Mitanbietern auf. Hier konnten speziell in den arabischen Ländern sehr gute Exportzahlen generiert werden.

Allerdings gibt es natürlich auch die Kehrseite. Billig, billig in allen Sektoren nur um das Geschäft zu zeichnen, rächt sich mittlerweile, da oft die notwendigen Qualitätsstandards, wie man sie erwarten könnte und müsste, nicht erreicht werden können. Im Ölraffineriebau z. B. im Nahen Osten stehen von türkischen Firmen gelieferte und installierte Raffinerien. Diese waren zwar vordergründig günstiger als die der Mitbewerber, allerdings, durch Qualitätsmängel verursacht, erreichen diese Ölförderstellen nicht im Ansatz die vor dem Bau veranschlagten täglichen Fördermengen.

Gerade in Ländern des Mittleren Ostens war bisher für die türkischen Lieferanten ein guter Markt, da man nicht auf amerikanische Produkte und deren Einfluss angewiesen war.

Allerdings ist nun eben bei den Kunden vor Ort die Situation entstanden, dass auf den Ölfeldern die aufgrund der Größe möglichen Fördermengen nicht erreicht werden können. Hierdurch fehlen diese Erträge hieraus wieder, die im Bereich des Reinvest für die heimischen Ölfirmen und den Staat notwendig wären. Zudem kann eine Umrüstung aufgrund der immensen Kosten und mangelnder Alternativen nicht angegangen werden.

Informativ muss man dazu anmerken, dass es weltweit in den Segmenten der Ölförderung eine unter amerikanischer Flagge geführte Firmen- und Produktdominanz zur Herstellung von Raffinerien gibt.

Ein für die Türkei sehr lukrativer Markt ist unter anderem im Segment des Bauwesens und der Baunebenprodukte. Fertigteile für Bausystemelemente: Türen, Fenster, Fliesen usw. Da das Klima in den Regionen des Mittleren Ostens meist sehr heiß ist und meist keine baulich definierten höherwertigen Qualitätsstandards verlangt werden, können einfache und kostengünstig produzierte Produkte am Markt platziert werden. Die Folge auch hier, dass bereits nach 1 - 2 Jahren erhebliche Baumängel massiv auftreten, die keineswegs im Interesse des Investment Board des jeweiligen Landes sind.

Es wäre ein großer Fehler, die Türkei in ihrem Wachstum zu unterschätzen. Dieses Land hat das Ziel als Global Player ganz vorne mitzuspielen und eine aktive Leaderrolle zu übernehmen. Die Türkei kämpft seit vielen Jahren um den Beitritt zur EU. Allerdings sprechen für die Mitglieder der EU bisher viele Gründe dafür, die Türkei vorerst zu beobachten. Sicherlich ist einer von den wichtigen Faktoren der nicht in den Griff zu bekommende inflationäre Verlauf der türkischen Währung. Auch gilt dies für den Umstand, dass für den Westen die interne Struktur des Landes und seine Verschachtelungen nicht kalkulierbar sind. Ein weiteres, nicht zu unterschätzendes Moment liegt in der mangelnden Anerkennung der Türkei und dem türkischen Volk bei ihren geographischen Nachbarn, allen voran im arabischen Raum.

Nach wie vor ist für die Türkei die direkte Verbindung zu Deutschland die erhoffte Eintrittskarte zur EU. Allerdings will und wird sich Deutschland nicht vor diesen Karren spannen lassen dürfen. Dies wäre auch im Hinblick auf die sonstigen Verbindungen und die Rolle von Deutschland im internationalen Markt sehr abträglich und ein nicht zu kalkulierendes Risiko.

Bleibt nun abzuwarten, wie sich die Türkei, die unbestritten auf einem wirtschaftlich sehr schnellen und erfolgreichen internationalen Weg ist, künftig platziert und welche Interventionen dieses Land betreiben wird, um die Vorgaben einer eventuellen Bündnisakzeptanz erfüllen zu können.

Man sollte dieses Land wirtschaftlich auf der Rechnung haben, allerdings ist die politische Ausrichtung und Haltung in der Momentaufnahme für die Zukunft nicht akzeptabel.

Bleibt abzuwarten, wie die jeweiligen für die Türkei interessanten Bündnispartner für die Zukunft das Ansinnen dieses Landes beurteilen werden.

2.1.9 Südamerika

Samba, Pina Colada, Rio und der Zuckerhut, so wird vielfach dieser Kontinent umschrieben. Dem europäischen Touristen weit weg von Südamerika prägten sich über die Jahre die vorstehend genannten Attribute ein. Wer träumt nicht von Rio und der Copa Cabana oder vom Zuckerhut als Wahrzeichen. Wer hat nicht schon in einem Restaurant ein argentinisches Rindersteak zu sich genommen. Auf der anderen Seite hört man immer wieder von massiven Ausschreitungen, einer Hochkultur im Bereich der Kriminalität und Drogenkartellen in Südamerika.

Jedoch zunächst ein Überblick über die Grundlagen, die diesen Kontinent etwas sichtbarer machen.

Der Kontinent könnte in seiner inhaltlichen und geographischen Unterschiedlichkeit nicht differenter sein. Auch die geographische Position des Kontinents brachte diesem bisher viele Vorteile. Es wirkt fast so, als ob in der Öffentlichkeit dieser Kontinent nur am Rande zur Kenntnis genommen worden ist.

Die Staaten Südamerikas werden geopolitisch wie folgt unterteilt:

Andenländer: Kolumbien, Peru, Ecuador, Bolivien und Chile.

La-Plata-Staaten: Argentinien, Uruguay und Paraguay.

Cono Sur: Argentinien, Chile und Uruguay.

Karibikstaaten: Venezuela, Guayana, Surinam und Französisch-Guayana.

In Südamerika sind die Unterschiede zwischen Arm und Reich sehr groß. In Venezuela, Paraguay, Brasilien und vielen anderen südamerikanischen Staaten besitzen die reichsten 20 % der Bevölkerung 60 % des Geldvermögens, während die ärmsten 20 % weniger als 5 % des Geldvermögens besitzen.

Was viele Menschen nicht wissen ist, dass Südamerika zu einer der an Bodenschätzen und auch Öl reichsten Regionen dieser Erde gehört. Der Bergbau spielte schon in vielen vorkolonialen Kulturen Südamerikas eine bedeutende Rolle.

Die südamerikanischen Anden sind besonders reich an metallischen Bodenschätzen und so sind im zentralen Andengürtel einige der weltweit größten Kupfer-, Zinn-, Gold- und Silberlagerstätten zu finden. Das bedeutendste Kupfererz fördernde Land im Jahre 2006 war mit großem Abstand Chile und unter den fünf größten Zinnförderländern liegen drei (Peru, Bolivien und Brasilien) in Südamerika. In den Salzseen vor allem von Chile (z. B. Salar de Atacama) und Bolivien (z. B. Salar de Uyuni) befinden sich die größten Vorkommen an Lithiumsalzen, die zum Teil noch nicht abgebaut werden. Auch die Vorkommen an fossilen Energieträgern sind bedeutend. Die Länder im Orinoco-Delta im Nordwesten des Kontinents haben großen Anteil an den Erdölreserven: Venezuela zählt bereits heute zu den weltweit größten Förderländern und in Brasilien wurde 2007 ein Vorkommen entdeckt, das zu den größten Ölreserven der Welt zu rechnen ist.

In vielen Ländern Südamerikas gibt es heute Bestrebungen, durch Landreformen den Besitz gerechter zu verteilen. Einigermaßen wirksam umgesetzt wurden diese aber bisher erst in Venezuela und Peru. Die in Nicaragua von den Sandinisten durchgeführte Reform ist mittlerweile zu bedeutenden Teilen wieder rückgängig gemacht worden. In Brasilien kämpft die Movimento dos Trabalhadores Rurais Sem Terra für eine umfangreiche Landreform.

Der Export der Bodenschätze stellt für die Staaten Südamerikas die wichtigste Devisenquelle dar. Die Erschließung und Ausbeutung der Lagerstätten führte allerdings stets zu territorialen und kulturellen Konflikten zwischen den Interessen der Unternehmen und der indigenen Bevölkerung. Insbesondere mit der Erdölförderung sind massive Umweltprobleme zu beobachten: Waldrodung, Straßenbau, Boden- und Gewässerkontamination führen vor allem im Amazonastiefland, wo noch viele indigene Bevölkerungsgruppen in einem sensiblen Ökosystem naturverbunden leben, zu einer Zerstörung des ökologischen Gleichgewichts.

Im Zusammenhang mit den Devisen steht z. B. Kolumbien in vielen Bereichen mit der Produktion von Kaffee, Bananen und sogar weltweit bei Schnittblumen an erster Stelle. In Paraguay bescheren die professionelle Herstellung und konsequente Weiterentwicklung auf höchstem Qualitätsniveau sowie die reichlich vorhandenen Bodenschätze dem Kontinent Devisen. Einer der größten Handelspartner ist hierbei die USA.

Grundsätzlich hätte dieser Kontinent durch die weltweite Rolle als Produzent und den damit verbundenen Einnahmen die besten Voraussetzungen dafür, im Land selbst für die Menschen eine geordnete Zukunft und Entwicklung zu erreichen. Allerdings ist dieser Kontinent mit den unterschiedlichsten Facetten der Regierungssysteme und einflussnehmenden Machthabern bis hin den Guerillas durchsetzt. Zudem ist der Kampf um die Herstellung von Drogen regierungsseitig schon verloren geglaubt. Vielfach ist das Motiv der Machthaber und deren Streben eben als erstes oftmals das Motiv des Profites und des Herrschens. Hierbei zudem natürlich absolutes Controlling, um den Einfluss und die Einnahmen, auch oft genug aus nicht nachvollziehbaren Kanälen generiert, nicht missen zu müssen.

Ein System, das durch die an den Schaltstellen sitzende Oberklasse regiert wird und die Bevölkerung in ihrer Armut steuert, was zur Folge hat, dass die Einwohner oft gezwungen sind, sich in die Vorgaben und in die Systeme zu integrieren, um zu überleben. Die zu Anfang genannte Verteilung zum Thema Besitz macht eindeutig sichtbar, wie sich quer durch den Kontinent die Rollen verteilen.

Man muss mit offenen Augen betrachten, wie und vor allem und mit wem sich Südamerika und die einzelnen Länder in der Zukunft verbinden werden und Geschäftsverbindungen hält oder aufnimmt. Bereits aktuell sind nicht nur die Amerikaner in den Ländern als Handelspartner gelistet, sondern auch weitere große Partner wie China und die Russische Föderation streben natürlich eine verstärkte Zusammenarbeit an.

2.1.10   Indien

Geheimnisvoll und mystisch. Ein Land der Verschiedenartigkeit, der Gegensätze und eines Volkes mit viel Charme. Viele kulturelle Relikte aus vergangenen Tagen sind in Indien anzutreffen.

Auf der Straße eine findet man eine Vielfalt von kulturellen Unterschiedlichkeiten, von Gerüchen und der Hauch von Nostalgie.

Indien im 21. Jahrhundert hat sich mittlerweile in den Kreis der 10 größten Volkswirtschaften der Welt mit einem enormen Exportvolumen eingereiht. Trotzdem gilt dieses Land immer noch als Entwicklungsland. Die immer noch vorhandene bittere Armut, der Schmutz, die Umweltverschmutzung und die latente Überbevölkerung sind im täglichen Leben im Land offen sichtbar. Gegensätze, einerseits im Export unter den ersten 10 der Welt und intern ein Entwicklungsland. Nirgendwo auf dieser Welt geht dies in direkterer Deutlichkeit nebeneinander einher.

Trotzdem: Indien ist auf dem Weg und wird in den nächsten Jahren am internationalen Markt aufholen. Hier bescheinigt man Indien ein noch größeres Potential als China. Allerdings, und dies ist unabdingbar für ein gesundes und langfristiges Wachstum, dass die Regierung unter Präsidentin Pratibha Patil gut daran tut, Indien von innen heraus neu zu strukturieren und die Armut sowie die lebensfeindlichen Bedingungen zu verändern. Zudem ist die vorhandene Struktur im Bereich der Korruption zu beseitigen. Grundsätzlich sind der Standard und das Bildungssystem auf eine breite Basis zu stellen, damit über eine Flächendeckung und das gesamtwirtschaftliche Wachstum, nicht zuletzt über das freie Unternehmertum, die Grundlage geschaffen wird, über die Einnahmen die Reinvestmittel für die Neuordnung des Landes zu schaffen, um somit Indien ins 21. Jahrhundert zu führen. Bereits heute sind im IT-Bereich und in den Bereichen der Pharmazie die Inder in führenden Positionen vertreten.

Sicherlich bei einem Bevölkerungsanteil von ca. 1,2 Mrd. Einwohnern, mit einem Überhang an jungen Menschen, kein leichtes Unterfangen. Kommt allerdings diese Maschinerie, der breite Aufschwung und die Integration in die Weltwirtschaft in Gang, wird somit weltwirtschaftlich im Bereich der Grundnahrungsmittel und der benötigten Rohstoffe ein kritischer Punkt erreicht. Hieraus und in Anlehnung der weltweiten Rahmendaten der zur Verfügung stehenden Ressourcen, stellt eine solche gesellschaftliche Entwicklung nachhaltig und damit für die Zukunft weltweit, ein nicht zu unterschätzendes Gefahrenmoment dar.

Sicherlich, die heutigen Industrienationen werden nun geistig die Exportvolumina vor ihren Augen sehen. Allerdings ein zweischneidiges Schwert. Neben China, das derzeit in der wirtschaftlichen Aufschwungphase ist, wäre Indien das zweite bevölkerungsreichste Land der Erde, welches es zu versorgen und den täglichen Nahrungs- und

Lebensbedarf zu decken gilt. Die hieraus entstehenden Probleme unter Ansatz der weltweit zur Verfügung stehenden Ressourcen, werden sich in einer Verknappung der Rohstoffe und folglich auch in der Preispolitik in Europa auswirken. In sämtlichen Bereichen wird die Preispolitik für Waren aller Art aufgrund der Knappheit und der Nachfrage sicherlich nicht nach unten gehen, sondern eher nach oben.

Trotzdem ist dieses Indien auf dem Weg - und dies mit großen Schritten. Wenn es nun zudem noch gelingt, die Werte der Kultur und der Tradition in das Wirtschaftswachstum mit hineinzupacken, dann entsteht in Indien, derzeit noch ein Entwicklungsland, eine Blütezeit mit enormem Wachstum und damit Liquidität.

Ein weiterer Punkt, der unabdingbar abzuhandeln sein wird, ist, dass Indien im Innenverhältnis den Terrorismus und die radikalen und fanatischen, auf Grundlage der Religion geführten inneren Kriege beseitigt und eine innere, steuerbare, friedliche Struktur schafft.

Man kann sicher sein, dass Indien in den nächsten Jahren wesentlich sichtbarer wird und im Club der bis dahin 5 größten Volkswirtschaften angekommen ist.
Ein Übriges bringen die Einnahmen aus dem Bereich Tourismus als Urlaubsland durch die heutigen und zu erwartenden künftigen Touristen. Allein schon unter diesem Aspekt hat Indien den Weg und Schlüssel auch für eine

gute Zukunft in der Hand. Bereits vor vielen Jahren investierte dieses Land über die Deregulierung in die freie Marktwirtschaft.

Wird diese Massenbewegung zum Fluch oder zum Segen gegenüber der restlichen Welt? Man weiß es noch nicht. Allerdings sollte man diese Bewegung im Kontext der Märkte und der Grundnahrungsmittel und Rohstoffe im Auge behalten.

2.1.11 Afrika

Denkt man zunächst an Afrika, so sieht man vor sich die Savanne, die Nationalparks und die freilaufenden Wildtiere. Massai Mara oder der Krüger Nationalpark sind Namen, die auf der ganzen Welt bekannt sind.

Die Realität allerdings ist, dass Afrika sich in tiefster Armut befindet und mit einem sehr hohen Maß an Korruption durchsetzt ist. Menschenrechte und Menschenwürde sind in diesem Kontinent keine Selbstverständlichkeit und nicht vorhanden. Allerdings ist dies nur die eine Seite der Medaille. Die andere Seite der Medaille ist, dass Afrika, so unglaublich es klingt, ein riesiger Absatzmarkt der Zukunft ist, um den die westlichen Anbieter allesamt buhlen. Zudem verfügt Afrika neben den Diamantminen auch über enorme Vorkommen an Bodenschätzen, z. B. Uran, Gold, Platin Bauxit und gilt hier als ein Land mit den größten Vorkommen.

Der Run auf dieses Land begann bereits Mitte 2000. Die Chinesen haben mit großem Geschick und Versprechungen den Zuschlag erhalten und profitieren nun nicht nur über den Zugriff auf die Rohstoffe, sondern setzen auch noch ihre eigenen Waren in Afrika ab.
Keine andere Entwicklung hat Afrika in den letzten zehn Jahren ähnlich stark geprägt wie die massenhafte Ankunft der Chinesen. In vielen Staaten des Kontinents sind Chinas Unternehmen und Händler heute aus dem Stadtbild nicht mehr wegzudenken. Senegals Prachtstraße, der Bou-

levard du General de Gaulle in der Hauptstadt Dakar wird auf mehreren hundert Metern von chinesischen Läden dominiert. Ähnlich ist das Bild am zentralafrikanischen Kupfergürtel oder im Norden von Namibia, auch wenn die Läden der Asiaten dort zumeist nicht im Zentrum, sondern eher am Stadtrand sind.

Und die Chinesen werden diese Expansion in den nächsten Jahren so weiterführen. Pekings Regierung kündigte weitere Milliardenhilfen an. In den nächsten drei Jahren wolle Peking Afrikas Staaten Kredite in einem Volumen in Höhe von 10 Mrd. US-Dollar zur Verfügung stellen. Die Gelder sollen vor allem in den Bau der sehr vernachlässigten oder nicht vorhandenen Infrastruktur sowie in Sozialprojekte fließen. Offenbar will man im Land selbst die Verunsicherung herausnehmen, auch das Argument, China sei allein an Afrikas Rohstoffen interessiert und ignoriere die Menschenrechte.

Mit Vehemenz wird vordergründig von den Regierungsvertretern Afrikas und Chinas versucht, durch das Engagement und das massive Vorgehen Chinas, von den Hauptinteressen abzulenken. Bewusst heruntergespielt und bewusst gesteuert, dass die Rohstoffe in Afrika nicht das Hauptmotiv der Investitionen Chinas in Afrika seien. China sei auch bereit, seine Einfuhrsteuern für Waren aus Afrika zu senken oder gänzlich abzuschaffen. Bereits 2006 hat China 5 Mrd. US-Dollar an Krediten sowie einen Schuldenerlass versprochen.

China hat zudem bereits nach eigenen Angaben in 2008 rund 5,5 Mrd. US-Dollar in Afrika in Sachanlagen investiert. Mit allen bislang gewährten Krediten und Entwicklungsgeldern dürfte sich der Gesamtbetrag nach Schätzungen von Experten inzwischen auf 50 Mrd. Dollar summieren. Werden die Kreditversprechen eingehalten, würde sich das Engagement der Chinesen in Afrika in seinem Volumen verdoppeln. China forciert die Partnerschaft zudem, da Afrika inzwischen mehr als nur ein Rohstofflieferant ist. Der Kontinent ist für China zu einem immer bedeutsameren Absatzmarkt für dessen Billigwaren geworden, zumal der Westen wegen der letzten Wirtschaftskrise immer öfter für China als Abnehmer ausgefallen ist. Seit 2001 hat sich Chinas Handel mit dem afrikanischen Kontinent auf umgerechnet mehr als 70 Mrd. Euro verzehnfacht. Damit ist China inzwischen Afrikas größter Handelspartner, noch vor den USA.

Die USA kommentieren diese Entwicklung zumindest nach außen hin gelassen. „Allerdings erwarte man eine Transparenz in den Handelsbeziehungen", dies der seinerzeitige Kommentar nach außen. Zuletzt sorgte weltweit ein Abkommen der Chinesen mit den Militärmachthabern in Guinea für Empörung: Keine zwei Wochen nachdem die dortige Militärjunta mehr als 150 Demonstranten niederschoss, die eine Rückkehr zu einer Zivilregierung gefordert hatten, schloss China mit den Machthabern in Guinea einen Vertrag über die Nutzung von Öl- und Mineralienrechten im Wert von 7 Mrd. US-Dollar (4,7 Mrd. Euro). Das dort praktizierte geschäftliche Vorgehen der Chinesen nimmt nur wenig Notiz von den dort begangenen Menschenrechtsverletzungen oder dem Ausmaß der Korruption.

Allein in Angola, Chinas wichtigstem Partner in Afrika, liegt das Investitionsvolumen der Chinesen inzwischen bei fast zehn Milliarden Dollar, sehr zum Leidwesen des Internationalen Währungsfonds (IWF) und der Weltbank, die sich dort wegen der blühenden Korruption weitgehend aus der Finanzierung von Wirtschaftsprojekten zurückgezogen haben. Im Frühjahr 2009 erhielt Angola von China eine Mrd. US$ für den Aufbau seiner nicht vorhandenen Landwirtschaft. Allerdings wird man in Afrika nun sensibler und klagt mittlerweile China an, das Land nur auszusaugen und nichts zurückzugeben. Mit günstigen Produkten und im Dumpingpreisbereich befindlichen Angeboten bei Ausschreibungen von Aufträgen, unterwandert China zudem die inländischen Preise und möglichen Angebote und sorgt so für die Veränderung im heimischen Handwerk, welches keine Chance zur ausgewogenen Entwicklung mehr hat. Gleiches gilt in allen Bereichen der Infrastruktur und bei Straßenbauprojekten.

Man kann davon ausgehen, dass Afrika in den nächsten Jahren von China regelrecht ausgebeutet werden wird und dass nach der Beendigung des Raubbaus Jahre später das Land und die Bevölkerung im gleichen oder noch schlimmerem Elend stecken werden. Die geographische Lage und die Erosionen sowie die im Gang befindliche Ausbeutung der Ressourcen hinterlassen buchstäblich verbrannte Erde.

Die Interessen für diesen Kontinent gelten einzig den großen Vorkommen von Bodenschätzen und sind in der Summe betrachtet in einer Größenordnung von vielen, vielen Mrd. Dollar.

Bleibt nur zu wünschen, dass sich auf diesem Kontinent eine positive Bewegung in Gang setzt, die auch unter dem Ansatz der humanitären Entwicklung der Menschen selbst diese heute und in der Zukunft vor einem rücksichtslosen Ausbeuten schützt. Zu wünschen wäre, dass China im wirtschaftlichen Umgang mit Afrika von den kontrollierenden Wirtschaftsorganisationen und Staatenbündnissen direkte Auflagen gemacht werden.

2.1.12 Nordische Staaten

Natürlich fragt man sich nun unweigerlich, warum Staaten wie Norwegen, Finnland, Dänemark, Schweden, Grönland, Färöer und Aland nicht explizit umfassend in diesem Buch gewürdigt wurden.

Dies soll keine Wertung oder Negierung dieser Staaten darstellen. Allerdings stellte sich in der Aufbereitung und Recherche die berechtigte Frage nach der weltpolitischen und weltwirtschaftlichen sowie militärischen Konkurrenz zu den Hauptakteuren weltweit.

Sicherlich sind die Staaten allesamt in ihrer Struktur mit den ihnen zu eigenen Problemen in ihren Ländern beschäftigt. Die meisten hierbei sind in ihren sozialen Strukturen und ihren inneren wirtschaftlichen Ausrichtungen halbwegs stabil. Selbstverständlich sind Teile der vorstehend genannten Staaten auch in den entsprechenden Verbänden und Bündnissen mit eingegliedert.

Die nordischen Staaten Norwegen, Dänemark, Schweden, alle eine Monarchie und Finnland und Island als Republik, Grönland, Färöer und Aland als autonome Nationen, sind über den Nordischen Rat verbunden. Ihr Schulterschluss und die Zusammenarbeit hinterlassen seit Jahren einen unscheinbaren Eindruck im weltweiten Karussell der Groß-Akteure.

Doch Vorsicht, auch diese Länder, hier allen voran Dänemark, werden durch die Rating Agenturen sehr kritisch betrachtet und entsprechend ihrer schlechten wirtschaftlichen und finanziellen Basisdaten herabgestuft.

Man muss nun warten, wie aufgrund der Entwicklung der EU die weiteren Haltungen und Entwicklungen von und in diesen Ländern sein werden.

3. PROGNOSEN

Sicherlich gäbe es noch vieles zu einzelnen Ländern und Staaten auch unter der Betrachtung der wirtschaftlichen und innenpolitischen Grundlagen zu berichten, jedoch sind die Voraussagewahrscheinlichkeiten aufgrund der geringen Präsenz nicht zuletzt aus dem Blickwinkel der Historie betrachtet und deren oft neutraler Haltung im künftigen Spiel der Global Player und wirtschaftlichen Hauptakteure sowie der Bündnisse derzeit nicht zuzuordnen oder gar relevant.

Gleiches gilt selbst auch bei einer vorausschauenden Betrachtung im Kontext der künftigen weltwirtschaftlichen Entwicklungen. Es bleibt abzuwarten, in welcher Form und in welche Position man sich innenpolitisch wie wirtschaftlich aufgrund der weltwirtschaftlichen Veränderungen und Verschiebungen aufstellen wird oder welchem Bündniskonstrukt man sich dann anschließt.

Jedoch unabhängig davon ist das Gebilde der EU nicht mehr tragbar und finanzierbar. Die Risiken der Ausfälle quer durch die Reihen der Mitglieder können nicht von einem starken Deutschland aufgefangen werden.

Auch wenn es viel Pro und Contra aus den verschiedensten Lagern in Europa gibt, so ist die EU ein Albtraum aller für die Zukunft. Dieser Staatenbund mit seiner Währungsunion, ist gefährlich eng verbunden. Zusammengefasst betrachtet, ein Sammelbecken desolater, auch aus der Vergangenheit hochverschuldeter EU-Mitgliedsstaaten, die zudem ohne Perspektive auf inländische Produktivität und somit keine entsprechende stabile und breite Entwicklung nehmen können.

Dies wird zur Folge haben, dass bei einem Bruch der EU oder auch bei einem Fortbestand dieser heutigen EU der gesamte EU-Raum und die Währungsunion über den Euro mit einem großen Getöse zusammenbrechen werden. Die Folgen werden für die Länder und für die Menschen unabsehbar sein. Mit einem Schlag sind alle Länder in einer Situation wie nach einem Krieg. Hunger und Elend überall. Anarchie und Kriminalität tun hierzu ihr Übriges. Nicht daran zu denken.

Die Prognosen dieses Infernos sind unter Zugrundelegung aller relevanten Fakten und Daten spätestens im Jahre 2013 angesiedelt.

Sie glauben nun, dieses Szenario sei nicht möglich. Wie aber und mit welcher Währung wollen Sie dann handeln, bezahlen oder Lebensmittel einkaufen?

Ergänzend anzumerken ist hierbei auch, dass die Deutsche Bundesbank in ihrem öffentlich zugänglichen Gesamtwerk von Geld und Geldpolitik in der Zusammenfassung des Kapitels „Das Bargeld" schreibt: „Der Euro ist eine reine Papierwährung, also nicht durch Gold oder andere Edelmetalle gedeckt. Für Euro-Bargeld besteht keine Einlösungspflicht in andere Werte."

Und was nun? Sollten die Befürworter der EU daran festhalten, bliebe keine andere Wahl, den Euro einer Währungsreform zu unterwerfen, um somit wieder eine in der Breite notwendige geldwerte Basis herzustellen. Eine andere Möglichkeit wäre eine kontrollierte Erhöhung der Inflationsrate in Kauf zu nehmen, um hierdurch die defizitäre Lage mittelfristig in den Griff zu bekommen. Allerdings würde man sich in einer Range von 8 - 28% je Jahr bewegen.

Dies hätte zudem wieder auch für Deutschland innenpolitisch und wirtschaftlich verheerende Folgen. Keine Investitionen mehr, Personalabbau, faule Kredite, verbreitete Armut usw. Gleich welchen Weg aus der heutigen Situation die so genannten europäischen Führer nehmen werden, wird dies allen Beteiligten sehr weh tun. Adieu höher, weiter, schneller! Und hernach kommt der Absturz. Europa, ruhe in Frieden.

Symbolisch hierfür ist z. B. auch, dass gerade die Europäische Union als größte Volkswirtschaft der Welt auf offene

Märkte und verlässliche Rahmenbedingungen angewiesen ist. Nur so können sich die europäischen Unternehmen den Zugang zu kritischen Rohstoffen sichern und zugleich wichtige Absatzmärkte erschließen.

Nun bremst man die EU auf dem notwendigen Weg von Wachstum bereits in 2011 aus. Neue angedachte Handelsbeschränkungen und Diskussionen über Obergrenzen für Exporte aus der EU drohen sich zudem zum Hemmschuh für Wachstum und Wettbewerb zu entwickeln. Protektionismus kann keine Antwort Europas auf die Herausforderungen durch die aufstrebenden Volkswirtschaften in Asien und Lateinamerika sein. Und was glauben Sie, welches Land als eine der drei führenden Exportgroßmächte am meisten beschränkt werden wird? DEUTSCHLAND!

Solange diese und ähnliche Diskussionen in der EU zugelassen werden, solange wird hierdurch sichtbar, dass Politik und Wirtschaft nicht vereinbar sind.

Natürlich und in Anbetracht der in diesem Buch bereits angerissenen Möglichkeit Deutschlands, aus der EU auszusteigen, wäre diese These auf Grundlage der weltweit führenden Exportrolle Deutschlands und mit den entsprechenden wirtschaftlichen Verzahnungen ausgestattet, sicher nicht nur empfehlenswert, sondern dringendst angeraten. Auch unter diesem Aspekt wäre ein Ausstieg aus der EU und die Wiedereinführung der DM Pflicht.

Auch wenn diese Inhalte dem einen oder anderen nicht gefallen werden, so ist es an der Zeit, die Katze aus dem Sack zu lassen und den Bürgern, im Übrigen nicht nur in Deutschland, die Wahrheit über das EU-Chaos und die unvermeidbaren Folgen unverzüglich und geradlinig aufzuzeigen.

Die Menschen werden es, meine Damen und Herren Politiker, Ihnen danken. Setzen Sie die Menschen nicht dem Risiko aus, mit einem Damoklesschwert über sich zu leben.

Wir werden nun sehen, wie lange noch die EU-Lüge und die damit verbundene Schönrederei aufrechterhalten wird oder ob die Verantwortlichen Courage zeigen werden. Eines ist jedoch sicher, keiner kann sich hierbei davonstehlen.

4. SCHLUSSWORT

Sie haben nun eine einmalige und umfassende weltwirtschaftliche Gesamtbetrachtung in einer Art und Direktheit vor sich liegen, welche es in dieser komprimierten Form der Wissens- und Informationsgebiete weltweit sonst nur hinter verschlossenen Türen bei den Geheimdiensten gibt.

Zudem lädt Sie dieses Werk dazu ein, Schlussfolgerungen in Ihrer persönlichen und ureigenen Betrachtung anzustellen und sich dann evtl. folgende Fragen zu stellen. Wie wird sich wohl die Weltwirtschaft entwickeln? Was wird nun mit dem Euro? Was passiert mit den politischen und wirtschaftlichen Macht- und Militärpositionen, betrachtet man die Gegenwart und wie wird die künftige Entwicklung weltumfassend fortgeführt? Diese und viele weitere Fragen mehr werden sich Ihnen auftun.

Aus diesem Grund sind die wichtigsten Rahmendaten und hieraus möglichen Abläufe und Prozesse markant auf den Punkt gebracht.

Unschwer wird sichtbar, dass mannigfaltige Konstellationen auf Basis von Veränderungen in Bereichen der bisherigen Positionen, der Währungen, der Rohstoffknappheit, dem Bevölkerungswachstum und Nachfrageschub am Weltmarkt möglich sein werden.

Nicht zuletzt und nicht zu unterschätzen ist das weltweit frei interpretierte Ausleben und Treiben seitens so genannter humanistischer oder politischer Gruppierungen, die unter dem Deckmantel ihrer jeweiligen Religionen das Bündeln und Verbreiten der ideologischen und vielfach fundamentalen und fanatischen Haltungen gerade eben nicht für eine auf ethisch-religiösen Grundlagen basierende Umgangsform und Geschäftstätigkeit benutzen, sondern um Eigenprofit und Macht zu erhalten.

Hierdurch sind ständig weltweit Krisenfaktoren präsent, die unkontrolliert und zum Nachteil in der Gesamtheit der Welt, sehr geschickt und strategisch für die jeweiligen Zwecke der Strukturen genutzt werden. Seien Sie versichert, dies ist bereits in einem größeren Ausmaß vorhanden als man vermuten könnte.

Die Welt, die Religionen und deren politische Führer selbst sind davor zu warnen, die Glaubensausrichtungen gegenseitig auszuspielen und sich fremdgesteuert manipulieren zu lassen. Träte dies ein, so würde hierdurch die Büchse der Pandora weltweit in einem Moment geöffnet.

Die Folge werden idealisierte und blutige Weltauseinandersetzungen mit vielen Millionen von Opfern sein. Und sollten jetzt die heutigen humanistischen Schönredner und

Idealisten in ihrer Ausrichtung es nicht glauben wollen, man wird dieses Worst Case-Szenario weltweit dann nicht mehr kontrollieren oder eindämmen können.

Ein unweigerliches Aus (Game Over) einer Welt, unserer Welt, die wir heute schätzen und lieben.

Über dieses Buch und dessen Inhalte können Sie das sehr fragile Großgebilde und die sich zwangsläufig hieraus ergebenden Wechselwirkungen weltweit nachvollziehen.

Sie können unschwer auf der Grundlage der in den Inhalten aufgezeigten Querverbindungen und Ableitungen nachvollziehen, dass nichts, was heute im Regelfall im Radio oder im TV gesendet wird, der ganzen Wahrheit oder dem ganzen Umfang einer Geschichte und somit der Realität entspricht.

Um langfristig und weltweit in einer Welt, die für uns alle Basis von Leben und Entwicklung darstellt, leben zu können, ist es wichtig, eben dieser unserer Welt, die es nur einmal gibt, zur Seite zu stehen.

Die Menschen müssen die Möglichkeit haben, sich auf echten Grundlagen ein reales Bild machen zu können. Auch wenn dies bedeutet, sich mit nicht wünschenswerten, aber vorhandenen Missständen aktiv auseinanderzusetzen.

Geld und Macht regieren ausschließlich die Welt. Unbestritten sind dies die höchsten Triebfaktoren für Wachstum und Weg. Allerdings auch das Damoklesschwert, das ständig über allem schwebt. Es wird schlussendlich ein Abwägen von Ertrag und Kosten in sehr großem Stile sein, welches darüber entscheiden wird, was und in welcher Form in allen Bereichen der Politik und der Wirtschaft passieren wird.

Wie groß ist also die Chance, dass Vernunft noch vor Gier kommt?

Oder wie groß ist die Chance, dass die Erkenntnisse einer zurücknehmenden Haltung besser sind als sich zu schlagen oder in kriegerische Konfrontation zu gehen?

Wie groß ist die Wahrscheinlichkeit, dass jemand ein tolles und großes Geschäft (und nicht nur in der Rüstungsindustrie) nicht zeichnen oder machen wird, weil es Nachteile für die Menschen, die Länder oder unseren Planeten haben wird?

Wer wird die Komprimierung der Machtteilung in wenige Hände ablehnen, wenn er selbst dazugehört oder dazu gehören kann oder will?

Wie groß ist die Wahrscheinlichkeit, dass diese so genannten wirklich mächtigen Strippenzieher, die noch weit über der Politik sitzen und mit ihrem Einfluss und Geld die

Welt buchstäblich marionettengleich tanzen lassen, darauf verzichten, ihre Macht und ihr Geld ausschließlich zur Sicherung und Stabilität der Welt verwenden werden?

Solange eben aber die Gier und das Machtstreben und die Milliarden aus Exporteinnahmen, insbesondere aus der Rüstungsindustrie, bevorzugte und erstrebenswerte Faktoren sind, so lange muss es auch Kriege geben. Denn hieraus werden wieder Milliarden an Umsätzen verdient, die man dann in der weiteren Verwendung zum Ausgleich defizitärer Haushalte benötigt und diese hierdurch rechtfertigt. Welche schizophrenen Argumentationen und Verhaltensnormen.

Machtstreben und Korruption in allen Ecken der Welt und auf allen Ebenen und dies bis hinein in die kleinsten Einheiten.

Wie groß ist überhaupt die Chance, dass gerade hierdurch langfristig eine Ausgewogenheit, die auch auf humanistischen Grundlagen im weltwirtschaftlichen Gesamtgefüge notwendig sein wird, in einer Breite bestehen oder erreicht werden kann?

Diese Fragen und viele mehr werden Sie sich nun sicher selbst stellen. Hierauf werden Sie auf Anhieb auch keine Antworten bekommen. Sie werden sich auch berechtigte Sorgen um die Zukunft machen.

Denn alles deutet darauf hin, dass der Mensch, gleich wo er zuhause ist und wer er ist, seine Vorteile sucht und über Gruppierungen diese zu erreichen sucht.

Diese unschönen Aussichten bedeuten allerdings unter Zugrundelegung der wirklichen menschlichen Verhaltensnormen auch, dass es nur dann zu globalen, richtungsweisenden Veränderungen kommen kann, wenn auf der Welt gravierende und globale Negativ-Ereignisse eintreten. So die Menschen auch außerhalb ihrer eigenen geistigen Grenzen in die Lage versetzen, zu begreifen, dass nur in einer weltumspannenden Gemeinsamkeit, ob in einer gemeinsamen Haltung oder im Kampf um die Erhaltung dieser einen und einzigen Welt, zusammenzustehen ist.

Bedauerlicherweise ist allerdings die Basis von Humanismus bei den Menschen nicht sonderlich vorhanden. Aber umso mehr bei Themen wie Egoismus, Aggression und mit der Einstellung, ohne Rücksicht auf Verluste das zu tun, was das Ego will. Zudem ist der Mensch leider mit einem hohen Maß an Ignoranz ausgestattet, welches, so lange es ihn nicht selbst betrifft, keinerlei ethisch vertretbare Reaktionen und Hilfen für Dritte erwarten lässt.

Bei allen künftigen Informationen aus der Presse oder dem TV haben Sie nun auch die Möglichkeit, sofort die Zusammenhänge und die Auswirkungen sowie die strategischen Vorgehensweisen Einzelner oder Gruppierungen zu erkennen und zuzuordnen.

Benutzen Sie für Ihre Analyse dieses Werk und vergleichen Sie den Inhalt mit den Meldungen aus den Medien. Es wird Ihnen sehr leicht fallen, eine Trennung zwischen Richtig und Falsch und eine Herbeiführung von Ergebnissen zu erlangen.

Noch hätte man die globale Chance, trotz der unbändigen vorhandenen Gier und dem Streben nach Macht, die im Übrigen auch vor der Wertigkeit des einzelnen Menschen nicht Halt macht, innovative, konsequente und richtige Wege zu beschreiten, die es der Weltwirtschaft mit ihren maßgeblichen Führungsstrukturen erlaubt, diese zunächst und ausschließlich als Instrumentarium globaler Grundlagensicherung zu verwenden.

Gehen wir mit dem, was wir haben, sehr viel sorgsamer in der Zukunft um.

Wir alle haben nicht nur die Verantwortung für uns selbst, sondern vielmehr die Verantwortung und Fürsorge für jeden einzelnen Menschen, gleich wo er ist und wer er ist, für die Funktionalität der Strukturen und im Umgang mit den Ressourcen in der Breite und damit weltweit.

Ihnen alles Gute und Gottes Segen

Ihr
Thomas Stütz

Inhaltsverzeichnis

Von Thomas Stütz ebenfalls lieferbar:

Ist die Weltwirtschaft am Ende?
Schwarzbuch. Weltweit gefährliche Strukturen
und Machtspiele
2011. 120 Seiten. Paperback. € 10,80 (D).
ISBN 978-3-8301-1428-4

Kommunikation lohnt sich doch
Standardwerk für Führungskräfte in
Kommunikationsfragen
2011. 188 Seiten. Paperback. € 14,80 (D)
ISBN 978-3-8301-1467-3

Kommunikation – Schlüssel zum Erfolg
2011. 112 Seiten. Paperback. € 10,80 (D)
ISBN 978-3-8301-1391-1

www.edition-fischer.de • www.rgfischer.de